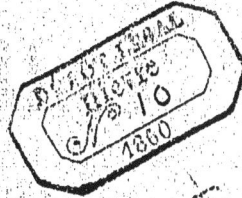

MÉMOIRE

SUR

L'INSTITUTION DU NOTARIAT.

NEVERS,

I.-M. FAY, IMPRIMEUR DE LA PRÉFECTURE,

RUE DES ARDILLIERS.

MÉMOIRE

SUR

L'INSTITUTION

DU NOTARIAT

ET

SUR LES AMÉLIORATIONS

DONT SON ORGANISATION ACTUELLE EST SUSCEPTIBLE,

PAR A.-J.-B. GOURGEOIS,

JUGE DE PAIX DU CANTON DE LA CHARITÉ-SUR-LOIRE (NIÈVRE),
ANCIEN DÉLÉGUÉ AU COMITÉ DES NOTAIRES
DES DÉPARTEMENTS.

> C'est une faute de remettre au lendemain
> les mesures que l'intérêt du pays réclame.
> *(Rapport de* M. DELANGLE *à l'Empereur*
> *sur l'extension des limites de Paris.)*

> Peut-être me reprochera-t-on d'avoir im-
> prudemment soulevé ou ranimé des questions
> dangereuses. — Plusieurs de ces questions
> sont à l'ordre du jour; mais n'en fût-il pas
> ainsi, que je croirais encore que fuir timi-
> dement le péril ce n'est pas l'éviter.
> *(*JEANNEST-SAINT-HILAIRE, *Du Notariat*
> *et des Offices.)*

PRIX : 3 FR. 50 C.

SE VEND CHEZ L'AUTEUR.

On reçoit immédiatement l'ouvrage *franco*, en envoyant à l'auteur un mandat
sur la poste de 3 fr. 50 c., par lettre affranchie.

1860

PRÉFACE.

Les deux premières parties du mémoire que je livre aujourd'hui à la publicité remontent à plusieurs années déjà.

A l'époque à laquelle ce premier mémoire a été rédigé, puis adressé à S. Exc. M. le garde-des-sceaux Abattucci[*], il n'était question dans le monde des affaires que du projet que l'on prêtait au gouvernement de supprimer purement et simplement la vénalité des offices ministériels.

[*] Une copie de ce manuscrit a été également remise, en 1853, au Comité central des Notaires des départements et déposée dans les archives de ce Comité.

Ces bruits avaient même pris une telle consis-
tance qu'ils avaient fini par devenir sérieusement
alarmants pour le corps des notaires.

Cela explique que j'aie cru opportun de traiter
la question au double point de vue de la conservation et de la suppression de la vénalité des
offices.

Aujourd'hui même il n'est pas encore inopportun
de prévoir les conséquences et de discuter les
conditions du rachat des offices de notaire : rien ne
prouve, en effet, qu'il n'entre pas ou qu'il n'en-
trera pas un jour dans les vues du gouvernement
de supprimer la vénalité des offices. En attendant
on ne saurait nier qu'il soit de temps en temps
provoqué et mis en demeure d'étudier cette grave
question par des pétitions et des écrits plus ou
moins désintéressés, plus ou moins inspirés par
l'amour du bien public ou par les convoitises de
l'intérêt privé.

Un mémoire adressé tout récemment à la Chancellerie par M. Auguste Duclos, licencié en droit et
receveur de l'enregistrement et des domaines, en
résidence à Neuillé-Pont-Pierre (Indre-et-Loire),

fournit une preuve évidente à l'appui de cette appréciation de la situation.

La troisième partie de mon travail a pour objet principal d'exposer et de discuter les conclusions de ce mémoire.

Ainsi complétée par l'exposition et la réfutation du système de M. Duclos, et par les autres notes qui en forment la troisième partie, mon œuvre entière a été adressée de nouveau à la Chancellerie dans le courant de septembre dernier (1859), après avoir reçu l'approbation de plusieurs magistrats éminents, et entre autres celle de l'illustre procureur général à la Cour de Cassation.

La communication de mon manuscrit à plusieurs notaires bien placés dans l'estime publique a obtenu aussi leur adhésion.

C'est cette approbation de la part des autorités les plus compétentes qui m'a encouragé et déterminé à faire imprimer mon mémoire, en m'inspirant une plus grande confiance dans mes propres idées et dans l'écrit qui les expose.

On reprochera sans doute à cet ouvrage de pécher contre les règles de l'unité. — On trouvera que j'aurais dû refondre les trois parties de mon mémoire en un seul tout plus homogène; — que j'aurais dû commencer par exposer et par réfuter les doctrines et les conclusions de M. Duclos, et proposer ensuite mes réformes comme préférables aux siennes; — que ce travail enfin aurait dû être classé et distribué par chapitres et par paragraphes où chaque matière eût été étiquetée d'un titre destiné à fixer l'attention et à guider l'intelligence du lecteur.

Je ne ferai aucune difficulté de reconnaître que ces reproches sont parfaitement fondés; mais je répondrai que j'ai cru utile de conserver à chaque partie de mon œuvre le cachet de sa date, et qu'en procédant autrement j'aurais craint d'ôter à mes raisonnements et à mes propositions quelque chose de leur force et de leur opportunité.

J'ai trouvé en outre, dans la méthode que j'ai suivie, d'autres avantages et d'autres facilités. En traitant dans des notes distinctes et séparées certaines questions importantes, dont chacune pourrait fournir à elle seule la matière d'un volume, j'ai pu donner au développement de ma pensée une plus grande liberté d'allures que si je m'étais astreint à ranger chacune de ces matières à la place nécessairement limitée que j'aurais pu lui assigner dans le cadre général de l'ouvrage.

J'ai pensé que tous ces avantages méritaient que je leur fisse le sacrifice des règles ordinaires : en un mot, je n'ai pas eu la prétention d'écrire une œuvre littéraire, mais simplement un ouvrage utile. — Puissé-je avoir été assez heureux pour atteindre mon but !

MÉMOIRE

SUR

L'INSTITUTION DU NOTARIAT

ET

SUR LES AMÉLIORATIONS

DONT SON ORGANISATION ACTUELLE EST SUSCEPTIBLE.

INTRODUCTION.

La loi du 25 ventôse an XI organise le notariat d'une manière admirable.

Aucun des principes fondamentaux que cette loi consacre ne doit donc être détruit ; ils peuvent seulement être développés d'une manière plus complète par une loi d'amélioration.

Que les offices soient rachetés *pour cause d'utilité publique,* ou que la vénalité en soit conservée, il est des améliorations qui s'appliqueraient aussi bien à l'une qu'à l'autre des deux combinaisons, à de légères différences près.

Il en est d'autres qui s'appliqueraient particulièrement au cas où la vénalité serait supprimée, d'autres au cas où elle serait maintenue.

J'examinerai d'abord les modifications compatibles avec le maintien de la vénalité.

J'appelerai ensuite l'attention sur les dispositions auxquelles la suppression de cette vénalité pourrait donner lieu.

J'avertis tout d'abord que je n'entends que livrer des idées à l'examen et à la discussion, que fournir des indicacations et des matériaux.

A d'autres le soin de réunir et de comparer ces idées à toutes celles qui se sont déjà produites sur la matière, puis de repousser celles qui ne leur sembleraient pas rationnelles et d'adopter celles qui leur paraîtraient praticables et utiles ; à d'autres enfin le soin de coordonner et de proposer un projet d'ensemble.

A chacun sa tâche, comme à chacun ses forces.

PREMIÈRE PARTIE.

DES AMÉLIORATIONS ET DES RÉFORMES COMPATIBLES AVEC LA CONSERVATION DE LA VÉNALITÉ.

Des motifs sérieux, des considérations puissantes peuvent être invoqués en faveur du maintien de la vénalité des offices ministériels. Je ne me dissimule pas davantage que l'on peut reprocher à ce régime plus d'un inconvénient et plus d'un abus. C'est la condition commune de toutes les institutions humaines.

Quoi qu'il en soit, c'est à dessein que je me suis abstenu de discuter et de résoudre la question : les réformes que je sollicite ont à mes yeux un tel caractère d'urgence qu'il y aurait, selon moi, une sorte de péril à en ajourner l'accomplissement jusqu'à ce que le législateur se fût prononcé définitivement dans le sens de l'un ou de l'autre des deux systèmes.

Je vais plus loin, et je ne crains pas d'affirmer que, dans ma conviction, l'adoption des mesures que je propose importe bien autrement, au fond, à l'intérêt public et à l'intérêt bien entendu du notariat lui-même que le maintien ou la suppression de la vénalité des offices. Peu importe, en effet, que les fonctions de notaire continuent ou cessent d'être vénales, pourvu qu'elles s'obtiennent et qu'elles s'exercent dans des conditions telles que les notaires soient nécessairement des hommes d'une haute probité, instruits et capables, dévoués à leurs devoirs, respectés et indépendants, et qu'ils assurent ainsi à la société les garanties qu'elle est en droit d'attendre d'une institution aussi importante et d'une fonction dont les attributions sont aussi étroitement liées aux affaires les plus intimes et aux intérêts les plus sérieux du public (1).

I. — C'est d'abord dans cette vue, et afin que la profession de notaire ne se trouvât jamais dans une position d'infériorité d'instruction ou d'éducation vis-à-vis d'autres professions libérales moins importantes, que je proposerais d'exiger le diplôme de bachelier ès-lettres ou ès-sciences

(1) Voyez ci-après la note 1, à la page 46.

avant la délivrance du titre de licencié en notariat, dont je parlerai plus loin (1).

II. — Je proposerais d'augmenter les attributions des chambres de discipline et de les obliger à se réunir souvent. Je leur donnerais le droit de faire des enquêtes comme les tribunaux, d'appeler des témoins devant elles ou devant leurs rapporteurs, et de les entendre sous la foi du serment.

III. — J'instituerais par département une chambre supérieure ou un jury départemental, qui ne se réunirait qu'une fois ou deux par an, et auquel seraient réservés certains cas importants, en outre des examens dont il va être question un peu plus loin (2).

IV. — Je réduirais à trois ans le stage obligatoire et inscrit, prescrit par l'ordonnance du 4 janvier 1843 ; mais je l'entourerais des garanties les plus sérieuses de moralité, et je le soumettrais à des justifications sévères de travail et de capacité.

V. — En conséquence, à moins que le postulant ne fût déjà pourvu d'un diplôme de licencié ou au moins de bachelier en droit, je ne l'admettrais à l'inscription qu'après

(1) Voyez ci-après la note II, à la page 47.
(2) Voyez ci-après la note III, à la page 55.

un examen subi devant la chambre de discipline sur un certificat du notaire chez lequel il aurait travaillé pour se préparer à cet examen. Ce certificat indiquerait quelle aurait été la durée du surnumérariat, et le notaire y énoncerait si, dans son opinion, son élève a acquis le degré d'instruction nécessaire pour obtenir son inscription au registre de stage.

Je voudrais, par cette disposition, abréger le temps d'inscription au registre de stage en faveur du travail sérieux et en considération des connaissances acquises et constatées d'une manière bien plus certaine qu'elles ne peuvent l'être aujourd'hui par trois premières années de stage plus ou moins bien employées.

Nul ne ne pourrait ensuite travailler en qualité de maître-clerc avant dix-huit mois au moins d'inscription au registre de stage, et qu'après avoir passé un second examen devant la chambre de discipline et en avoir obtenu le diplôme de bachelier en notariat.

Le titre de licencié en notariat ou de candidat-notaire serait déféré par le jury départemental, après un examen sévère subi devant ce jury par le postulant. Cet examen ne pourrait être passé par celui-ci que trois ans au moins après sa première inscription au registre de stage et qu'un an après son inscription comme maître-clerc.

Tout docteur en droit ne serait astreint qu'à dix-huit mois de stage, dont une année au moins en qualité de maître-clerc. Ce titre de maître-clerc ne pourrait, bien entendu, lui être conféré que par la chambre de discipline et après examen.

Tout receveur de l'enregistrement et des domaines, après avoir exercé ces fonctions pendant quatre ans au moins, serait dispensé de tout stage, mais à la condition d'avoir obtenu, d'abord de la chambre de discipline, après examen, le titre de bachelier en notariat, puis un an plus tard au moins, du jury départemental, le diplôme de licencié en notariat ou de candidat-notaire.

Un règlement d'administration publique déterminerait sur quelles matières roulerait chacun des examens dont je viens de parler. Les chambres de discipline et les jurys départementaux resteraient libres d'ajouter à ce programme toutes les questions, et surtout toutes les questions pratiques et professionnelles, qu'ils jugeraient utiles ; leurs décisions ne seraient pas motivées.

Chacun de ces examens serait précédé d'une information sérieuse et secrète de la part de la chambre de discipline sur la moralité du postulant, qui devrait produire, au préalable, tout ou partie des certificats déjà exigés aujourd'hui pour la délivrance du certificat de moralité et de capacité, qui précède actuellement toute nomination aux fonctions de notaire.

En conséquence, tout maître-clerc qui se présenterait devant le jury départemental, pour y subir son examen public, devrait, au préalable, justifier d'un certificat de moralité obtenu de sa chambre de discipline, et en présence de ce certificat, qui devrait être déposé un certain temps d'avance, au secrétariat du jury départemental, ce jury pourrait encore, s'il le jugeait utile, faire lui-même une nouvelle information sur la moralité du candidat avant de l'admettre à l'examen.

Tout candidat-notaire ou licencié en notariat pourrait être privé de ce titre, pour un temps seulement ou irrévocablement, pour les mêmes causes et de la même manière que seraient poursuivies les suspensions et destitutions des notaires en exercice. Il conviendrait d'établir, pour la poursuite de ces condamnations, une procédure dans laquelle les jurys départementaux joueraient le plus grand rôle.

Il conviendrait également de placer les étudiants en notariat sous la surveillance, et la juridiction disciplinaire des chambres de discipline et des jurys départementaux.

Je regarde toutes ces exigences comme essentielles. Elles constitueraient, au profit de la société et dans l'intérêt du notariat lui-même, la garantie certaine qu'il ne serait admis aux fonctions de notaire que des hommes d'une moralité et d'une valeur incontestables et à plusieurs fois éprouvées.

Je regarderais comme très-regrettable l'exigence du titre de licencié en droit, précisément parce que je tiens à un travail sérieux dans les études de notaires, et que le nombre des études qui se trouvent dans les villes où il existe des écoles de droit serait parfaitement insuffisant pour faire obtenir ce résultat.

Cette exigence aurait encore pour inconvénient de priver de leurs clercs toutes les autres études de France, et celui d'agglomérer une jeunesse nombreuse et ardente dans les grands centres de population (1).

On voit au surplus, par ce que je propose d'exiger des licenciés en notariat, qu'ils ne pourront qu'être supérieurs à la plupart des simples licenciés en droit. — On voit aussi que je tiens un grand compte des études de droit faites dans les écoles, par les dispenses de stage et de travail professionnel que j'accorde aux simples bacheliers en droit, aux licenciés et aux docteurs.

VI. — Pour être apte à traiter d'une étude et admis à solliciter sa nomination aux fonctions de notaire il faudrait, au préalable, être pourvu d'un diplôme de licencié en notariat.

La chambre de discipline du ressort dans lequel se trouverait située la résidence de l'étude objet du traité ne serait plus appelée qu'à délivrer ou à refuser au postulant un certificat de moralité, basé sur la conduite qu'il aurait pu tenir depuis l'obtention de son diplôme de licencié.

Énoncer une pareille disposition c'est la justifier. Tout

(1) Voyez ci-après la note IV à la page 57

le monde sait aujourd'hui, en effet, que l'examen de capacité après traité est et ne saurait être qu'illusoire. Aussi arrive-t-il très-rarement que les chambres de discipline refusent les candidats qui se présentent devant elles ; et arrive-t-il trop souvent qu'elles reçoivent des candidats auxquels elles auraient rendu un grand service, et à la société aussi, en leur refusant le certifiat d'investiture.

VII. — Après avoir exigé tant d'épreuves pour être admis aux fonctions de notaire, j'accorderais en retour d'importantes prérogatives aux anciens notaires qui auraient exercé honorablement pendant un certain nombre d'années. — Je les rendrais aptes exclusivement ou presque exclusivement à remplir certaines fonctions, particulièrement les fonctions de juge de paix, qui ne pourraient être confiées qu'à des notaires honoraires, sans autre exigence que celle de cette qualité, ou à des avocats, à d'anciens avoués ou à d'anciens notaires ayant exercé pendant quatre ans au moins et pourvus d'un certificat de moralité et de recommandation *ad hoc* de la part du conseil de leur ordre ou de leur chambre de discipline.

VIII. — Je modifierais les conditions exigées actuellement pour l'obtention du titre de notaire honoraire. — J'exigerais, pour cette distinction, plus de vertu ou de mérite toujours, et souvent moins de temps d'exercice qu'on n'en exige aujourd'hui.

Pourraient être nommés notaires honoraires, de la manière actuelle, maintenue ou modifiée :

1° Tout notaire ayant exercé pendant vingt ans et ayant été nommé au moins une fois membre de sa chambre de discipline;

2° Tout notaire ayant exercé pendant quinze ans et ayant été nommé au moins trois fois membre de sa chambre de discipline, ou en ayant rempli au moins pendant deux années les fonctions de secrétaire ou de trésorier ;

3° Tout notaire ayant exercé pendant douze ans et ayant été nommé rapporteur au moins une fois ou bien secrétaire ou trésorier au moins trois fois ;

4° Tout notaire ayant rempli les fonctions de président ou de syndic de sa chambre de discipline, ou ayant fait partie d'un jury départemental, quel que fût d'ailleurs son temps d'exercice comme notaire.

Quel que fût le mérite d'un notaire, il n'arriverait jamais qu'il pût être investi d'aucune de ces trois fonctions avant un assez grand nombre d'années d'exercice; plus tôt il les aurait obtenues, plus cela témoignerait d'ailleurs de l'éclat de son mérite ou de sa vertu.

5° Tout notaire ayant rendu à sa corporation ou à l'État des services éclatants, et ayant exercé ses fonctions de notaire pendant cinq ans au moins, — J'exigerais, dans ce cas, que le titre de notaire honoraire fût demandé pour lui par une délibération de l'assemblée générale de sa corporation, prise au scrutin secret et aux trois quarts des voix, et que, de plus, cette demande fût transmise au jury départemental et suivie d'une demande semblable de la part de ce jury.

Toutes les autres demandes tendant à obtenir le titre de notaire honoraire, en quelque forme qu'elles dussent se produire, devraient toujours être appuyées d'une délibération favorable de la part de la chambre de discipline. Cette délibération obtenue, le syndic du jury départemental serait seulement appelé à donner son avis par une simple formule, conçue à peu près dans les termes suivants :

Le syndic du jury notarial du département de (1) . . . . *est favorable à la demande ci-contre ;*

Ou bien : *Le syndic, etc., s'oppose à ce qu'il soit donné suite à la demande ci-contre avant plus ample information.*

En cas d'opposition de la part du syndic, le certificat d'*admittatur* serait accordé ou refusé par l'assemblée du jury départemental, après information faite de la manière dont il est procédé actuellement devant les chambres de discipline pour l'obtention des certificats de moralité et de capacité. — Cette décision ne serait pas motivée.

(1) Voyez la note V à la page vi.

IX. — Parmi les prérogatives que j'attacherais à la distinction de notaire honoraire, j'accorderais aux anciens notaires, honorés de ce titre, le droit de faire partie des jurys départementaux, celui de plaider comme les avocats devant les tribunaux et les cours d'appel, et celui d'être nommés aux fonctions de juge.

Après les études et les épreuves dont je ferais précéder la nomination aux fonctions de notaire, et après les épreuves de valeur personnelle dont je ferais dépendre l'obtention du titre de notaire honoraire, qui oserait prétendre que les anciens notaires, investis de ce titre, n'offriraient pas à la société et à la justice autant de garanties de moralité, de savoir et d'expérience des affaires que de simples licenciés en droit?

La concurrence qu'ils pourraient faire aux avocats serait d'ailleurs très-rare et pour ainsi dire insignifiante. — Les notaires honoraires sont et continueront d'être peu nombreux; la plupart seront trop âgés lors de leur retraite pour consentir à quitter la résidence où ils auront passé la plus grande partie de leur vie, et où ils auront concentré tous leurs intérêts, pour venir s'établir au chef-lieu d'arrondissement ou au chef-lieu de la cour d'appel et s'y livrer aux travaux du barreau et aux luttes judiciaires. — Aussi peut-on dire, sans crainte d'être démenti par l'expérience, que le cas d'un notaire honoraire se faisant avocat, pour en exercer sérieusement et fructueusement la profession, serait un cas tout à fait exceptionnel.

Quant au droit d'être nommé juge, il est déjà accordé aux avoués non licenciés ayant dix années d'exercice. Je ne sache pas que les notaires honoraires, investis de ce titre dans les conditions que je viens d'indiquer, ne seraient pas capables de faire d'aussi bons et d'aussi honnêtes magistrats que les avoués. — J'irai plus loin, j'affirmerai que, toutes les fois que le gouvernement arrêterait son choix sur eux, ce choix serait infiniment préférable à celui qu'il fait ordinairement aujourd'hui de tout jeunes hommes, sans aucune expérience des hommes et des affaires, qui n'offrent d'autres garanties aux justiciables que quelques années d'étude du droit et quelques années des fonctions, la plupart du temps sans occupation, de juge-suppléant.

X. — J'affecterais par privilége une partie de la valeur de chaque office de notaire (le tiers par exemple) à l'acquittement des faits de charge dont j'étendrais le cercle.

Ainsi, aux faits de charge déjà reconnus par la loi, j'ajouterais les dépôts de fonds faits aux notaires pour effectuer, après l'accomplissement de certaines formalités, le versement du montant d'un prêt ou le payement d'un prix de vente ou de toute autre dette.

Les créances pour faits de charge déjà reconnus par la loi actuelle seraient toujours remboursées par préférence sur le cautionnement versé au trésor; celles pour les nouveaux faits de charge viendraient après celles-ci sur ce premier cautionnement et, concurremment avec elles, sur la portion du prix de l'office, affectée à toutes ces créances à titre de cautionnement supplémentaire. Le privilége du vendeur, sur cette portion du prix de l'étude, ne viendrait qu'après l'acquittement de toutes ces dettes. Le surplus dudit prix, au cas de cession volontaire, ou de l'indemnité à allouer au cas de révocation du titulaire, resterait le gage privilégié du vendeur et, après lui, le gage commun de tous les créanciers du notaire démissionnaire ou destitué (1).

XI. — Il faudrait adopter une mesure qui rendît impossible les dissimulations dans les prix des traités (2), mais faire disparaître le scandale de ces demandes éhontées et véritablement outrageantes pour la morale publique, encouragées par la prime qu'offre aujourd'hui à la mauvaise foi la jurisprudence actuelle sur les déguisements de prix.

XII. — Il faudrait trouver et indiquer le moyen de rendre presque impossible les détournements de fonds déposés aux notaires en raison de leurs fonctions; — leur défendre expressément de faire des opérations de banque et autres spéculations mentionnées en l'ordonnance de 1843;

— dire comment il faudrait veiller à ce que les chambres de discipline tinssent la main à l'exécution de cette disposition.

Cela rentrerait dans la proposition que je fais plus haut d'augmenter les attributions des chambres de discipline. — Pour cela encore les notaires honoraires pourraient être employés très-utilement comme inspecteurs ou censeurs auxiliaires des chambres de discipline ou des jurys départementaux.

XIII. — Afin de faire disparaître une des causes de ruine les plus fréquentes pour les notaires, il importerait de ne plus les charger de la perception des droits d'enregistrement, qui seraient payés directement au bureau du receveur des domaines dans les trois mois de l'enregistrement des actes, et de la même manière que les droits de succession, avec augmentation de droits en cas de retard.

Les droits de mutation pour les adjudications prononcées par les tribunaux en audience des criées se perçoivent de cette manière, et sans qu'aucun officier public en soit responsable : est-ce que cette méthode entraîne des embarras ou des pertes pour le trésor ? Le trésor au contraire y gagne quelquefois des augmentations de droit (1).

XIV. — La loi organique dont je traite ici n'aurait

(1) Voyez la note VIII à la page 75.

pas à s'occuper d'un tarif légal, qui ne doit avoir aucun rapport avec la constitution proprement dite du notariat.

Au surplus la question du tarif légal est une question trop délicate et demanderait de trop grands développements pour que j'entreprenne de la traiter dans ce mémoire, qui a déjà pris des proportions beaucoup plus étendues que celles que je comptais lui donner en commençant; — Je ferai observer seulement qu'un tarif légal qui ne tiendrait pas compte des habitudes de tarifications actuelles, sur lesquelles ont eu lieu les traités d'offices conclus jusqu'à présent, commettrait au préjudice des titulaires une véritable spoliation et consommerait la ruine de la plupart d'entre eux par la baisse qu'il apporterait sur la valeur vénale de leur propriété, quand cette valeur et les revenus qu'elle devrait produire, ont déjà baissé d'une manière effrayante depuis la révolution de février.

DISPOSITIONS TRANSITOIRES.

XV. — Par respect pour les droits acquis, ceux des maîtres-clercs qui auraient déjà complété leur stage au moment de la promulgation de la loi nouvelle conserveraient le droit de traiter sans être obligés à l'accomplisse-

ment d'aucune nouvelle condition ; ils seraient seulement
tenus d'obtenir de leur chambre de discipline un certificat
de moralité et de capacité. — Ces certificats seraient
obtenus avant et non après le traité.

Les clercs dont le stage, déjà commencé, pourrait être
terminé avant trois ans, seraient également dispensés de
l'obligation de subir les épreuves prescrites par l'article V
ci-dessus.

Mais les uns et les autres devraient avoir profité de cette
faveur dans les trois ans de la promulgation de la nouvelle
loi, par la raison qu'en traitant plus tard, ils auraient eu le
temps d'accomplir toutes les conditions proposées ci-avant
sous ledit article V.

Quant aux clercs dont le stage, déjà inscrit, aurait encore
plus de trois ans à courir, ils resteraient soumis à toutes
les épreuves ci-dessus proposées, et seraient seulement
dispensés de l'obligation de se pourvoir du diplôme de
bachelier ès-lettres ou ès-sciences.

DEUXIÈME PARTIE.

DES MESURES ET DES RÉFORMES AUXQUELLES LA SUPPRESSION DE LA VÉNALITÉ POURRAIT DONNER LIEU. (1)

Il est maintenant incontestable et incontesté, il a été reconnu d'ailleurs dans les plus mauvais jours et d'une manière solennelle, par l'Assemblée constituante, que la propriété des offices est aussi inviolable que toutes les autres propriétés.

En supprimer la vénalité sans indemnité préalable serait donc donner le scandale de la plus odieuse spoliation.

Cette monstrueuse éventualité, à supposer qu'elle ait pu jamais être à craindre, ne peut plus l'être aujourd'hui sous

(1) *Voyez* la note IX à la page 77.

un gouvernement stable et régulier, protecteur de tous les
droits légitimes, et par conséquent des nombreux intérêts que
cette mesure inique atteindrait et des nombreuses familles
qu'elle réduirait au plus affreux dénuement.

Il ne pourrait donc être question dans les projets qu'un
grand nombre de personnes prêtent aujourd'hui au gouvernement (1) que de la suppression de *la vénalité*, c'est-à-
dire de *la propriété* des offices *pour cause d'utilité publique*
et moyennant indemnité préalable.

Dans la prévision où le projet de supprimer ainsi la
vénalité des offices ministériels entrerait, en effet, dans les
intentions du gouvernement, je vais essayer d'indiquer dans
quelques-uns des articles ci-après sur quelles bases je pense
qu'il serait juste de liquider l'indemnité, et de quelle
manière on pourrait arriver évidemment, en ce qui concerne
les études de notaires, à ce qu'en réalité le paiement de
cette indemnité ne coûtât pas un sou à l'État (2).

J'indiquerai en outre très-sommairement quelques-unes
des mesures utiles dont la suppression de la vénalité
pourrait permettre l'adoption sans froisser aucun intérêt
légitime, sans blesser aucun droit acquis.

I. — A tous les notaires ayant moins de dix années
d'exercice on allouerait, pour indemnité, une somme égale

---

(1) On rappelle ici que le présent mémoire date de plusieurs années. (*Voir* la
préface.)

(2) *Voyez* la note X à la page 81

au montant du prix de leur traité tel qu'il a été admis par
la chancellerie. — Pour tous les autres on comparerait le
produit de leurs cinq dernières années avec celui des cinq
dernières années de leurs prédécesseurs, et sur cette base
on fixerait l'indemnité proportionnellement au prix de leur
acquisition.

II. — Le remboursement de ces indemnités serait
effectué en rentes sur l'Etat 4 1/2 pour cent au cours. —
Ces rentes seraient immatriculées au nom des prédécesseurs
ou de leurs ayant-causes pour les portions qui pourraient
se trouver redues sur les prix des offices ainsi remboursés.

III. — Devenu par ce remboursement *propriétaire* des
offices de notaire *pour cause d'utilité publique*, l'Etat
pourrait à son gré maintenir en fonctions les titulaires
actuels qui lui sembleraient mériter cette faveur, et pourvoir
au remplacement de tous les autres, diminuer ou augmenter
le nombre de ces titulaires, en changer les résidences, en
limiter ou étendre le ressort, prendre en outre telle mesure
qu'il jugerait nécessaire pour que ledit remboursement
n'augmentât en rien les charges du budget et ne pût non
plus porter préjudice au crédit de l'Etat.

Si l'on craignait, par exemple, que l'offre sur le marché
des nouvelles inscriptions émises en remboursement des

offices n'affectât momentanément le cours de la rente (1);
on pourrait très-facilement prévenir cet inconvénient en
adoptant une disposition portant que tout notaire ainsi
remboursé, qui demanderait et obtiendrait d'être continué
dans ses fonctions, contracterait par cela seul l'engagement
de ne pouvoir aliéner ses rentes (si ce n'est pour fournir
le cautionnement dont il sera question plus loin) avant un an
pour la première moitié et avant deux ans pour le reste. —
Il pourrait seulement les transférer en payement d'une dette,
mais à la condition que le cessionnaire contracterait un engagement semblable. — En conséquence les notaires qui rede-
vraient sur leurs offices ne pourraient être maintenus dans
leurs fonctions sans le consentement de leurs prédécesseurs ;
ce consentement, du reste, ne serait refusé qu'exceptionnelle-
ment, d'autant plus que le plus grand nombre des titulaires
ont au-delà de deux ans de terme pour s'acquitter du reliquat
du prix de leur traité.

IV. — Les notaires seraient dorénavant rétribués par
l'État; mais, dans l'intérêt du public, je tiendrais très-
essentiellement à ce que leurs traitements fussent fixés en
proportion du nombre et de l'importance des affaires traitées
par leur ministère. — Autrement, il y aurait à craindre
pour la clientèle un manque de zèle, de dévouement et d'acti-

(1) J'indiquais cette précaution avant le succès des différents emprunts natio-
naux souscrits depuis 1855 ; je crois qu'en 1859 elle serait à peu près inutile.

vité, et de plus la brusquerie habituelle de la bureaucratie,
et cette hauteur, nécessaire sans doute au maintien du respect qu'il importe que la magistrature judiciaire inspire,
mais qui doit être remplacée chez le notaire par une dignité
plus modeste et une accessibilité plus facile (1).

V. — En conséquence, les honoraires indiqués par le
notaire en marge de la minute des actes seraient ajoutés
aux droits d'enregistrement et perçus par le receveur des
domaines, directement de la partie, dans les trois mois de
l'enregistrement de l'acte et de la manière dite sous l'article XIII de la première partie de cet ouvrage.

Les questions de détail ne présenteraient pas de bien
grandes difficultés. — Par exemple, bien qu'établis sur un
tarif presque toujours proportionnel, les honoraires pourraient être taxés dans les trois mois qui s'écouleraient entre
l'enregistrement de l'acte et le payement à en faire entre les
mains du receveur. — A cet effet l'état en serait fourni
sur papier libre, par le notaire à la partie, au moment de la
signature de l'acte ou à toutes réquisitions, et la taxe pourrait avoir lieu sur minute.

Enfin les insuffisances ou les excès de perceptions pourraient toujours être relevés dans les deux ans par la partie
lésée ou par les employés de l'enregistrement et des

(1) Voyez la note XI à la page 80.

domaines, comme cela se pratique aujourd'hui, pour la perception des droits d'enregistrement et de mutation.

Ainsi perçus les honoraires seraient ensuite divisés par cinquièmes. Un cinquième serait abandonné au notaire pour ses frais de cléricature et de bureau ; et le reste serait partagé par moitié entre lui et l'État qui trouverait, dans ce partage, de quoi acquitter largement chaque année les rentes constituées pour le remboursement des offices.

Le notaire serait payé de ses émoluments tous les trois mois, par les mains du receveur de l'enregistrement. Il n'y aurait aucun compte à faire pour les honoraires des expéditions et extraits. Il suffirait que le timbre à expédition des actes notariés fût augmenté des deux cinquièmes du montant des droits de rôles perçus actuellement par le notaire, et que les honoraires de ces rôles fussent diminués dans la même proportion.

Comme les honoraires des actes deviendraient ainsi un droit d'enregistrement, un impôt, les émoluments proportionnels ne diminueraient pas, quel qu'en pût être le chiffre, et, comme le notaire ne pourrait plus, comme aujourd'hui, faire de transaction à cet égard avec le client, il en résulterait que l'État percevrait réellement, pour les actes d'une certaine importance, plus que ne perçoit actuellement le notaire.

De plus, on pourrait diminuer le nombre des notaires là où ils sont trop nombreux, faire baisser leurs remises sus-

indiquées sur les produits des actes d'une année entière,
lorsque ces remises auraient atteint un certain chiffre,
comme cela a lieu aujourd'hui pour les remises des receveurs
des domaines et des percepteurs des contributions; on
pourrait enfin, dans l'intérêt bien entendu de tout le monde,
proscrire les actes sous signatures privées pour toutes les
transactions relatives à la propriété, et l'on pourrait encore,
pour que l'impôt des honoraires fût rapproché autant que
possible d'une fixation proportionnelle, augmenter les droits
de timbre sur les expéditions et extraits des actes importants.
Disons aussi, qu'avec le système proposé ici, les dissimulations de prix, qui sont aujourd'hui passées à l'état de
règle générale pour toutes les ventes d'immeubles, ne
deviendraient plus qu'une très-rare exception.

De tout cela, il résulterait nécessairement que l'État, au
lieu de faire une perte, pourrait réaliser un bénéfice certain
sur le remboursement des charges de notaire.

VI. — On pourrait et on devrait établir des bourses
communes par corporations de département, au moyen de
prélèvement sur les deux cinquièmes de produits abandonnés
aux notaires pour leurs émoluments, alors que ces émoluments atteindraient une certaine somme plus que suffisante pour les besoins du titulaire et de sa famille, par
exemple, lorsqu'ils s'élèveraient au-dessus de 3,600 fr.

VII — On pourrait aussi instituer des pensions de retraite, soit au moyen d'une retenue sur les appointements, soit au moyen des ressources des bourses communes, soit à l'aide d'une retenue sur les émoluments du successeur au profit de son prédécesseur, soit enfin par l'emploi de ces trois moyens combinés.

VIII. — J'ai dit plus haut sous les articles III et V que, devenu propriétaire des offices, l'État pourrait diminuer le nombre des notaires là où ils sont en trop grand nombre. Je voudrais, en effet, beaucoup moins de notaires dans toutes les contrées où ils sont trop nombreux; mais je voudrais en même temps que leurs bureaux fussent bien tenus et pourvus de collaborateurs capables et bien rétribués; c'est pour cela que j'attribue un cinquième des émoluments aux frais de bureau, et que je ne demande aucune réduction sur cette fraction de la rétribution des actes, à quelque chiffre qu'elle puisse s'élever (1).

Si l'on adopte cette mesure de la réduction du nombre des notaires dans certaines contrées de la France, et de l'obligation imposée à ces fonctionnaires d'avoir des bureaux bien tenus, les affaires de la clientèle seront traitées avec beaucoup plus de soin et de désintéressement, et partant beaucoup mieux qu'elles ne peuvent l'être au-

(1) Voyez la note XII, à la page 95.

jourd'hui par une foule de petits notaires qui ne trouvent pas dans leur profession de quoi les faire vivre, et qui n'ont par conséquent ni capacité ni valeur et ne peuvent inspirer au public aucune confiance.

L'État, d'un autre côté, trouverait dans cette mesure le très-grand avantage de pourvoir à beaucoup moins de frais au service public du notariat, par l'abaissement du taux des remises dont j'ai parlé plus haut.

Enfin, par une sage limitation du nombre des notaires, on préviendrait *les abus et les inconvénients de leur confuse et effrénée multitude*, auxquels Philippe-le-Bel, dès 1300, Charles VII, en 1490, et plus tard Louis XII, Henri III et Louis XIV ont été obligés de porter remède par lettres-patentes, ordonnances et édits. La Constituante, en 1791, comme le législateur de l'an XI, a eu la même intention de prévenir les abus et les inconvénients qui pourraient résulter d'un trop grand nombre de notaires, *toujours trop rarement employés* (disait-on à la Constituante) *pour être satisfaits d'un légitime salaire* (1).

Mais, si je demande que le nombre des notaires soit fixé et réparti d'une manière mieux proportionnée aux besoins des différentes contrées de la France, je n'ai pas en vue pour cela de détruire la concurrence dont je proclamais tout à l'heure la nécessité dans l'intérêt du public. Aussi, dans

(1) *Voyez* la note XIII à la page 97.

l'intérêt bien entendu des justiciables du notariat, je maintiendrais le privilège des notaires de cours d'appel et j'accorderais à tous les notaires d'un même arrondissement le droit (qu'ont déjà les huissiers) d'instrumenter dans toute l'étendue de cet arrondissement ; en un mot, je diviserais le notariat en deux classes au lieu de trois.

IX. — Il ne faut pas perdre de vue que, par suite de l'abolition de la vénalité, les cessations de fonctions deviendraient rares et qu'ainsi les candidats-notaires trouveraient difficilement à être placés. Il faudrait dès-lors entourer d'avantages la profession de clerc, afin de n'en pas éloigner les hommes de mérite. Aussi, indépendamment des appointements convenables que j'affecterais à la profession de maître-clerc, j'accorderais encore aux candidats-notaires qui auraient continué à remplir cette fonction de maître-clerc pendant six ans au moins après l'obtention de leur diplôme de licencié, le droit d'être nommés juges de paix concurremment avec les anciens notaires et autres officiers indiqués ci-avant sous l'article VII de la première partie.

X. — Les cinq premiers articles de la première partie, réglant les conditions d'aptitude aux fonctions notariales, seraient applicables au cas prévu par le présent chapitre.

XI. — Lorsqu'il s'agirait de pourvoir à une vacance, la

chambre de discipline des notaires de l'arrondissement où
serait survenue cette vacance transmettrait au jury départemental une liste de trois candidats, composée soit de trois
licenciés en notariat, soit de deux licenciés seulement et
d'un notaire en exercice ou d'un ancien notaire, pris tous
trois aussi bien au sein qu'en dehors de la corporation.

Le jury départemental adopterait cette liste tout entière
ou serait libre d'en retrancher un ou deux noms et de les
remplacer par un ou deux noms de son choix. Cette
seconde liste, dressée par le jury départemental, pourrait
être composée exclusivement de licenciés en notariat, ou
bien de deux notaires ou anciens notaires et d'un licencié
en notariat, ou de deux licenciés en notariat et d'un seul
notaire. Le gouvernement nommerait sur cette seconde liste,
où il aurait le droit de la rejeter tout entière et d'exiger qu'il
lui en fût transmis une nouvelle composée d'un candidat
fourni par le procureur impérial, d'un candidat fourni par
la chambre de discipline et d'un troisième candidat fourni
par le jury départemental. Cette nouvelle liste pourrait aussi
bien être composée exclusivement de notaires ou d'anciens
notaires que de licenciés en notariat. Les candidats de la liste
rejetée ne pourraient pas y figurer (1).

XII. — Les articles VII, VIII et IX de la première partie,

(1) Voyez la note XIV, à la page

relatifs aux anciens notaires et aux notaires honoraires, trouveraient également leur place, à plus forte raison, dans la loi organique qui serait la conséquence de la suppression de la vénalité des offices de notaires.

XIII. — Les cautionnements des notaires seraient augmentés en prévision des nouveaux faits de charge énoncés ci-avant sous l'article X de la première partie.

Le chiffre de ces cautionnements serait égal au montant de deux années des émoluments ou appointements revenant à chaque notaire d'après la répartition ci-dessus proposée des honoraires des actes notariés. Il ne pourrait, dans tous les cas, être inférieur à 6,000 fr. dans quelque résidence que ce fût, et à Paris il ne pourrait être moindre de 60,000 fr., à Lyon, de....., à Bordeaux, de....., et à Marseille, de.....

Pour la première fois, et à la suite du remboursement des offices, le gouvernement fixerait le chiffre desdits cautionnements par approximation; ils seraient ensuite augmentés ou diminués après la liquidation des produits qui seraient revenus à chaque notaire pour les deux premières années de leur nouvel exercice. Ces cautionnements seraient fournis en espèces au taux de 3 p. 0/0 comme les cautionnements actuels.

XIV. — Il serait indispensable d'admettre une disposition qui rendît obligatoire la retraite des notaires que l'âge ou les infirmités auraient rendus incapables de continuer leurs fonctions (1). Ici encore les jurys départementaux pourraient avoir un rôle important. — Je voudrais même que chaque année ils fussent tenus de s'occuper de la question des mises à la retraite et de le consigner au moins d'une manière sommaire sur le registre de leurs délibérations, leur décision fût-elle favorable au maintien en exercice de tous les notaires de leur juridiction.

DISPOSITIONS TRANSITOIRES (2).

XV. — Pendant les trois premières années qui suivraient la promulgation de la nouvelle loi organique, dont il s'agit ici, le gouvernement pourrait choisir les nouveaux notaires parmi les aspirants qui ont actuellement accompli leur stage, conformément à la loi existante, ou qui l'auront complété avant l'expiration de ces trois années.

Néanmoins, ces aspirants eux-mêmes ne pourraient être admis au bénéfice de la présente disposition qu'à la condition d'obtenir au préalable un certificat de moralité de la part de leur chambre de discipline, et un certificat de moralité et de capacité, ou le titre de licencié en notariat, de la part du jury départemental, le tout de la manière prévue

---

(1) Cette disposition trouverait au besoin sa justification dans le décret qui pose une limite d'âge pour la retraite obligatoire de la magistrature inamovible.

(2) Voyez la note XV à la page 101.

ci-avant sous l'article V de la première partie du présent mémoire.

Les clercs déjà inscrits, mais dont le stage aurait encore au moins trois années à courir, seraient seulement dispensés de se pourvoir du grade de bachelier ès-sciences ou ès-lettres.

XVI. — Quant aux nominations à faire pour la première fois en remplacement de ceux des notaires qui ne seraient pas maintenus dans leurs fonctions à la suite du rachat de leurs études, le gouvernement y pourvoirait en choisissant ces nouveaux fonctionnaires parmi les notaires et anciens notaires, ou parmi les maîtres-clercs ou anciens maîtres-clercs ayant accompli leur temps de stage tel qu'il est prescrit par la loi actuelle, et ayant de plus subi un examen *ad hoc* devant une commission composée, pour chaque arrondissement où le stage aurait été terminé, du président du tribunal civil ou d'un juge délégué par lui, président de cette commission, du procureur impérial et de trois notaires ou anciens notaires désignés par décret impérial.

TROISIÈME PARTIE.

NOTES

EXPLICATIVES ET JUSTIFICATIVES DES DISPOSITIONS PROPOSÉES

DANS LES DEUX PREMIÈRES PARTIES.

RÉFUTATION

DU

PLAN D'ORGANISATION

PROPOSÉ PAR

M. AUGUSTE DUCLOS.

NOTE I.

(Voir ci-avant le renvoi de la page 14),

LE MEILLEUR MOYEN DE SAUVEGARDER LA VÉNALITÉ
DES OFFICES
EST DE RÉFORMER LES ABUS.

Qu'un abus se révèle, qu'un sinistre vienne à éclater dans le notariat, on ne manque jamais d'en attribuer immédiatement la cause à la vénalité des charges. — Si les réformes que je réclame peuvent réaliser les heureux effets que j'en attends, elles auront donc enlevé l'arme la plus puissante des adversaires du droit de transmission, et elles auront consolidé ce droit d'une manière à peu près inattaquable. Pourquoi donc les partisans du maintien de la vénalité des offices ne le seraient-ils pas en même temps, et par voie de conséquence, des mesures les plus propres, les seules propres, peut-être, à la sauvegarder?

Quoi qu'on dise et quoi qu'on fasse, si le droit de transmission n'est plus entre les mains de ceux qui l'exercent

qu'une source d'abus ou qu'une source de périls de toutes
sortes pour eux-mêmes (1), si l'état de choses actuel continue à faire baisser le niveau moral et intellectuel du
notariat, si les préventions, bien souvent injustes, qui
existent contre cette institution jusque dans les régions
élevées de la société, ne sont pas vaincues et détruites par
les vertus et les lumières, par le caractère et par le mérite
des titulaires, la vénalité finira par succomber un peu plus
tôt ou un peu plus tard. — Ce qu'il faudra craindre alors,
c'est que, le mal ayant été en s'aggravant de plus en plus,
elle ne succombe dans des conditions bien plus défavorables
qu'aujourd'hui, et qu'elle n'entraîne dans sa chute, au
préjudice de l'institution et du public, une partie au moins
des principes et des dispositions si sages et si tutélaires de la
loi du 25 ventôse.

Telles sont les principales raisons qui doivent me faire
espérer que les réformes que je propose seront accueillies,
surtout par les notaires, comme des mesures de prévoyance,
en même temps que comme des améliorations avantageuses
au public et au notariat.

(1) Voir ci-après des notes VI et VII.

─ 47 ─

NOTE II.

(*Voir* le premier renvoi de la page 15.)

DE L'ÉDUCATION DES ASPIRANTS AU NOTARIAT

L'éducation des membres du notariat, leur tenue, leurs habitudes et leur conduite privée ne pourraient assurément que devenir meilleures dans l'avenir, si l'on pouvait ramener la vieille coutume qu'avaient les notaires d'autrefois de loger et de nourrir leurs clercs.

Les intérêts du patron en seraient assurément mieux servis, et on ne sait combien l'instruction morale et professionnelle des clercs pourrait gagner à ces rapports intimes entre le maître et ses élèves.

Mais, si salutaires que dussent en être les effets, cet usage ne saurait être imposé par une loi, et je doute qu'il puisse davantage être rétabli par les règlements des chambres de discipline, malgré tout mon respect pour l'opinion de l'honorable président du comité central des notaires des départements.

Quoi qu'il en soit, j'ai pensé qu'on ne lirait pas sans intérêt quelques pages du chapitre que M. Jeannest-Saint-Hilaire a consacré à la cléricature dans l'ouvrage remarquable qu'il vient de publier sur le *Notariat et les Offices*.

Voici en quels termes il s'exprime sur la question spéciale dont il s'agit :

On peut affirmer, avec toute vérité, et sans exagération que dans le plus grand nombre des études de notaires, en France, il n'existe plus de cléricature.

Deux causes principales ont produit ce fâcheux résultat.

La première, et la plus efficace, c'est que le notariat n'offre plus, au même degré que par le passé, une carrière honorée, lucrative, exempte de troubles et de dangers.

La seconde, c'est que l'éducation du notariat pèche maintenant par sa base.

À ce dernier égard, on ne peut méconnaître que l'étude du notaire n'ait cessé d'être, comme précédemment, l'école pratique des élèves du notariat, la pépinière féconde destinée au repeuplement de l'institution ; le notaire n'est plus le professeur zélé, bienveillant, paternel de la jeune génération appelée à lui succéder.

Anciennement le notaire ouvrait noblement sa maison à ses

clercs, il les logeait, les nourrissait et pourvoyait à tous leurs besoins au fur et à mesure qu'ils se rendaient plus utiles.

Admis sous le toit patronal, les jeunes gens subissaient la surveillance plus immédiate de la famille, ils étaient pour le travail journalier incessamment placés sous la main du patron, ils puisaient, dans la fréquentation d'un intérieur honnête et distingué, les principes d'une moralité plus pure, les habitudes sociales d'un niveau plus élevé. Dans un contact journalier, le patron savait trouver des moyens efficaces de distinguer le mérite et de repousser les sujets dangereux.

Tels étaient souvent les résultats indirects des rapports intimes qui s'établissaient entre le patron et ses clercs ; ces rapports engendraient entre eux des sentiments profonds de bienveillance. Le premier tirait gloire des sujets d'élite qu'il parvenait à produire ; il les aidait dans toutes les phases de leur carrière, rarement il leur refusait son concours pour faciliter leur établissement, souvent même il admettait le plus digne d'entre eux, par une union plus intime, au rang de ses enfants, ou bien il l'appelait à l'honneur de lui succéder. Les derniers, stimulés par une bonne direction, par les espérances d'une ambition raisonnable et par la reconnaissance, payaient en travail, en dévouement, souvent en affection, les soins paternels qui leur étaient prodigués.

Le froid égoïsme de l'époque a fait disparaître l'antique usage et ses salutaires effets ; avec lui la jeunesse cléricale a perdu sa bonne tenue, son amour du travail, sa dignité personnelle.

La nécessité de chercher son gîte et sa nourriture hors du toit notarial a produit des habitudes de cabaret, de café, de tabagie ; ces habitudes ont amené à leur suite, pour un certain nombre de clercs, les mauvaises relations, les dépenses excessives, la paresse, et l'immoralité. Le mal est devenu tel, que dans certains bourgs et petites villes de nos provinces, un père prudent doit hésiter à faire de son fils un clerc.

Le nombre des accusations criminelles qui pèsent chaque année sur la cléricature ne peut être exactement apprécié. . . .

. . . .

. . . . ; mais ce nombre est considérable, et combien il grossirait encore, si l'on y comprenait les méfaits de tous ceux qui, par leur âge, par des considérations de famille et par la commisération des patrons, échappent au châtiment !

Les choses n'en sont venues là que parce que maintenant le salaire seul unit le patron et le clerc, ou plutôt les divise ; sans doute qu'il est plus facile d'acheter à prix d'argent les services d'employés mercenaires, ... que d'avoir à tirer de son propre fonds l'enseignement professionnel auquel ont droit les jeunes gens de l'étude ; sans doute aussi qu'il est plus commode de s'enfermer, libre de devoirs et

de soins, dans le sanctuaire d'un intérieur égoïste ; mais c'est
au prix de l'éducation morale et pratique des clercs, c'est au
prix de la supériorité relative, de la sécurité du patron, c'est au
prix de tout l'avenir de l'institution compromise dans sa
source.

Les anciennes corporations attachaient avec raison une
grande importance à ce que les rapports des patrons et des
clercs, etc., etc.,

Je suis loin de croire qu'il soit possible de revenir à des
errements aussi radicaux ; mais je pense qu'un bien immense et
immédiat résulterait du retour à l'antique usage de nourrir et
de loger les clercs. Je voudrais que les chambres de discipline
en imposassent d'urgence l'obligation, à moins d'empêchement,
à chaque notaire de leur juridiction ; le remède n'a rien
d'héroïque en apparence ; il pourra même paraître mesquine-
ment puéril à ceux qui n'examineront la question que superfi-
ciellement ; mais qu'on ne perde pas de vue que c'est dans les
détails de la famille que le législateur trouve les assises les plus
solides de la société. Ma conviction la plus intime est que le
moyen que j'indique, quelque simple qu'il puisse paraître,
réaliserait de suite pour le public, pour les familles et pour le
notariat, les plus incontestables garanties.

. . . .
. . . .
. . . .
. . . .
. . . .
. . . .

Les clercs du notariat furent long-temps entre tous le type
du travail, du désintéressement, de l'attachement au devoir et
du dévouement au patron; on cite encore avec admiration,
dans la compagnie de Paris, le nom du principal clerc Laporte-
Thiboust qui, le 27 prairial an II, porta sa tête sur l'échafaud
révolutionnaire pour avoir voulu défendre et sauver celle de
son patron, l'infortuné Chaudot, dont nous dirons plus tard la
mort.

Certes, on retrouverait de nos jours de bien nombreux exem-
ples de ces vertus dans la cléricature; c'est parce que j'ai vu le
mal s'attacher comme l'escarre gangreneuse à cette partie si
importante du corps notarial, que j'ai voulu le signaler avant
qu'il ne fût incurable. Que les bons clercs me pardonnent ce que
mes paroles peuvent avoir eu d'irritant; plus que tous autres ils
doivent désirer l'amélioration du régime sous lequel ils sont
forcés de vivre, leur sort peut en dépendre ; dans l'ordre moral,
comme en chirurgie, souvent une opération douloureuse peut
seule opérer la guérison.

(Du NOTARIAT ET DES OFFICES, par A. JEANNEST-
SAINT-HILAIRE, *chevalier de la Légion-d'Honneur,*
notaire honoraire, président des délégués des
notaires des départements, etc.)

Il est impossible de dépeindre la situation d'une manière plus exacte et de donner des conseils plus salutaires dans un langage plus élevé et dans des termes plus bienveillants. On voit que l'auteur aime le notariat et qu'il désirerait le voir posséder de plus en plus les qualités qui inspirent la confiance et le respect, et qui font la plus sûre garantie du public.

Aussi, tout en considérant comme impraticable la mesure qui consisterait à rétablir à titre obligatoire l'usage recommandé par M. Saint-Hilaire, je regarderais comme éminemment utiles toutes celles qui pourraient avoir pour but de propager et d'encourager parmi les notaires le libre retour à cet ancien usage.

NOTE III.

(Voir ci-avant le deuxième renvoi de la page 15.)

DE LA COMPOSITION DES JURYS DÉPARTEMENTAUX.

Il serait bon que le jury départemental fût présidé par le président du tribunal civil du chef-lieu du département, et qu'il comptât au nombre de ses membres le procureur impérial près le même tribunal (idée suggérée en 1855 par M. Métairie, conseiller à la cour impériale de Bourges).

Un vice-président serait choisi parmi les notaires membres du jury.

Les fonctions de syndic, ou du ministère public, seraient remplies par le procureur impérial, lequel, en cas d'absence ou d'empêchement, serait suppléé par un vice-syndic choisi parmi les notaires membres du jury.

Les fonctions de secrétaire ou de greffier seraient confiées à un notaire du chef-lieu du département, nommé pour un temps, soit par l'Empereur, soit par le choix du jury assemblé. — Ce secrétaire n'aurait pas voix dans les délibérations ; mais il jouirait de toutes les autres prérogatives attachées au titre de membre d'un jury départemental.

NOTE IV.

(Voir ci-avant le renvoi de la page 19.)

DE L'EXIGENCE DU TITRE DE LICENCIÉ EN DROIT POUR ÊTRE ADMIS AUX FONCTIONS DE NOTAIRE.

A l'appui de mon opinion sur une question aussi sérieuse et aussi controversée, je suis heureux de pouvoir encore invoquer l'autorité de M. Jeannest-Saint-Hilaire, qui s'exprime ainsi sur ce sujet dans l'ouvrage déjà cité plus haut :

On a soulevé la question de savoir s'il ne conviendrait pas d'exiger des aspirants au notariat des conditions plus sévères d'admission, notamment la licence en droit, sans préjudice du stage imposé par la loi du 25 ventôse an **XI**. Si le notariat continuait à oublier ses plus chers intérêts, s'il ne se hâtait de rentrer dans les saines traditions du passé et s'il ne reprenait pas immédiatement le soin exclusif de l'éducation de ses élèves, il deviendrait certainement indispensable de recourir à la mesure proposée, et cependant il nous paraît évident qu'elle aurait les plus graves et les plus fâcheuses conséquences.

Le notaire doit se livrer à l'étude théorique des lois civiles et de procédure, mais il doit aussi connaître les lois fiscales et professionnelles qui régissent son état ; le clerc pourrait apprendre les premières sur les bancs des écoles, mais il en sortirait entièrement étranger aux dernières ; chaque profession a ses règles ; celle de notaire a son style particulier, ses habitudes, ses pratiques ; elle nécessite la connaissance des usages locaux, celle du caractère spécial des populations : la fréquentation de l'étude peut seule donner ce genre d'instruction et d'expérience.

N'y aurait-il pas aussi quelque inconvénient à jeter chaque année quarante mille jeunes étudiants de plus, presque tous sans fortune, à l'oisiveté et au désordre des grandes villes, à une époque où le déclassement des populations n'est pas le moindre des embarras des gouvernements ? Ne serait-ce pas aussi les éloigner des fonctions notariales par les sacrifices que l'éducation classique et l'étude du droit imposerait aux familles ? Le notariat, d'ailleurs, pourrait-il jamais, par la modicité des bénéfices qu'il offre, compenser l'énormité de ces sacrifices ? .

. . . .
. . . .
. . . .

Combien de ces quarante mille jeunes gens éloignés du giron de la famille, séduits par les entraînements et les dissipations des grandes villes, surexcités dans leur ambition par le diplôme de licencié qu'ils auraient obtenu, dégoûtés par les six années de stage qu'il leur faudrait encore subir, déserteraient les modestes fonctions de notaires de campagne pour lesquelles des habitudes de luxe et de plaisir, contractées durant leur cours de droit, les rendraient, d'ailleurs, ou impropres ou dangereux.

Quelque identité qu'elle ait avec la mienne, je puis affirmer que je ne connaissais pas l'opinion de M. Saint-Hilaire quand j'ai écrit la première partie de mon ouvrage *plusieurs années avant la publication du sien* ; mais je savais que mon opinion sur cette question, fort controversée par les théoriciens, était généralement partagée par tous les hommes spéciaux, ayant la pratique et l'expérience des affaires, *qu'ils soient ou non licenciés en droit.*

Il était bon de signaler ici cette presque unanimité d'opinion de la part des hommes spéciaux, et il est à désirer qu'elle concourre utilement à détourner le législateur d'admettre l'exigence de la licence en droit au nombre des conditions d'aptitude aux fonctions notariales.

NOTE V.

Voir ci-avant le renvoi de la page 225

Si le jury notarial était composé comme il est dit ci-avant à la note III, ce serait le procureur impérial près le tribunal civil du chef-lieu de département qui serait appelé à donner ou à refuser ce consentement.

NOTE VI.

Voir ci-avant le premier renvoi de la page 45.

DE L'EXPROPRIATION DES OFFICES.

Il est immoral et d'un mauvais exemple qu'un fonctionnaire public, qui doit être tenu à plus de probité qu'un simple particulier, puisse se retrancher derrière son inamovibilité pour conserver la possession et le revenu de son étude tout en refusant de payer ses dettes.

Je voudrais donc qu'il fût possible aux créanciers impayés d'un notaire de le mettre dans l'obligation de se dessaisir de sa propriété et d'en réaliser la valeur pour la mettre à leur disposition.

Rien ne serait plus facile, ce me semble, et cela sans qu'il fût besoin, pour cette propriété *sui generis*, de recourir à une expropriation dans le sens qu'on attache à ce mot et dans la forme usitée pour les autres biens, soit meubles, soit immeubles.

On pourrait, par exemple, procéder de la manière sui-
vante :

Le créancier d'une dette liquide et incontestable adres-
serait sa plainte ou sa réclamation à la chambre de discipline
du notaire son débiteur. — La chambre manderait les parties devant elle et, après les avoir entendues, enjoindrait
au notaire d'avoir à payer la dette dans le délai qu'elle im-
partirait, sinon, d'avoir à traiter de son office dans un autre
délai qu'elle déclarerait juger suffisant.

Faute par le notaire d'avoir satisfait à l'une ou à l'autre
de ces deux prescriptions, la chambre se trouverait, *ipso
facto*, investie de son mandat légal pour traiter de son office
en son lieu et place et en son nom, pour le mieux de ses
intérêts, et pour présenter le cessionnaire à l'agrément de
l'Empereur.

M. Jeannest-Saint-Hilaire, dans l'ouvrage déjà cité,
demande aussi que les chambres de discipline soient armées
du droit de contraindre le notaire *dangereux* à résigner ses
fonctions.

(*Voir* ci-après pages 113, 114 et 115.)

NOTE VII.

(Voir ci-avant le deuxième renvoi de la page 25.)

SUR LES DISSIMULATIONS DE PRIX DANS LES CESSIONS D'OFFICES, ET SUR LA VÉRIFICATION DES PRODUITS DU CÉDANT.

Je ne vois qu'un moyen réellement efficace de rendre tout à fait impossibles les dissimulations de prix. — Ce serait, qu'une fois le prix librement fixé entre le vendeur et l'acheteur, ou diminué par la chancellerie avec l'assentiment du premier, le gouvernement fût libre de nommer, *aux mêmes conditions*, tout autre candidat que le premier acquéreur, pourvu que ce candidat fût en possession de toutes les qualités requises.

Pour répondre d'avance à une objection très-grave contre ce mode de procéder, je propose que le candidat préféré par le gouvernement ne puisse profiter des termes accordés au candidat présenté par le titulaire vendeur.

Ce serait une erreur de croire que cette obligation pour le

5

candidat préféré par le gouvernement de payer l'office comp-
tant rendrait ce droit de préférence illusoire. — Une fois que
le privilége de vendeur serait devenu incontestable et assuré
sur au moins les deux tiers de la valeur de l'office, et une
fois que les créanciers d'un notaire auraient été mis en possession du droit de le contraindre à s'acquitter ou à réaliser
leur gage, un jeune homme, méritant d'ailleurs toute confiance par sa conduite et sa capacité, trouverait facilement
à emprunter ce qui pourrait lui manquer pour déposer,
avant sa prestation de serment, le montant du prix de l'office
dont il demanderait à être pourvu.

Au surplus, il n'y a pas lieu de supposer que le gouvernement userait bien souvent de cette faculté de préférence;
mais on sent qu'il suffirait qu'il en fût armé pour faire disparaître les dissimulations de prix. — Quant au titulaire
vendeur (qui n'aurait pas dissimulé), il n'aurait qu'à gagner
à être remboursé par anticipation d'une créance à termes,
et souvent à longs termes.

Il y aurait véritablement naïveté à s'imaginer que, dans
l'état actuel des choses, les traités se déterminent bien
souvent par des considérations d'affection réciproque entre
le cédant et le cessionnaire. La vérité est que, dix-neuf fois
sur vingt, le notaire vendeur ne donne la préférence qu'au
prix le plus élevé ou aux garanties les plus sûres.

J'excepterais seulement de la sujétion au droit de préférence du gouvernement les traités entre parents ou alliés

jusqu'au troisième degré inclusivement, et les cessions à rentes viagères, ainsi que celles par donations entre vifs et par actes de dernières volontés. — Les mutations accomplies dans l'une ou l'autre de ces conditions ne sont que bien rarement, pour ne pas dire jamais, entachées de dissimulation ; elles ont donc moins besoin d'être surveillées que les autres cessions ; elles sont d'ailleurs bien peu nombreuses, et elles méritent d'être vues d'un œil extrêmement favorable.

Le droit, que l'État exerce depuis long-temps déjà, de contrôler les conditions et de fixer le prix des traités d'offices, devrait emporter, comme conséquence nécessaire, le droit et le devoir de vérifier d'une manière certaine et complète la nature et le chiffre des produits de chaque étude dont la cession est soumise à sa sanction.

Cette vérification deviendrait encore bien plus indispensable après l'adoption de la disposition législative qui conférerait au gouvernement le droit de substituer son candidat à celui présenté par le titulaire vendeur.

Je ne verrais qu'une manière de procéder qui fût tout à la fois parfaitement sûre, digne d'une entière confiance, et nullement vexatoire pour le notaire cédant : ce serait que la vérification et l'estimation des produits de l'office cédé fussent faites par une commission composée du président de la chambre de discipline, président-né de cette commission, et de deux membres de cette chambre désignés par le procureur impérial.

Cette mesure réunirait les avantages les plus précieux. — Je n'en veux citer ici que les deux plus importants.

Il arrive rarement, j'en conviens, mais encore arrive-t-il bien quelquefois qu'un jeune homme inexpérimenté et trop impatient de s'établir ne vérifie que très-superficiellement, ou même ne vérifie pas du tout les produits de l'étude qu'il convoite, et qu'il devienne par suite victime de son incurie ou de sa trop grande confiance.

N'arrive-t-il pas trop souvent aussi que le notaire qui a apporté, dans la négociation de la vente de son étude et dans l'énonciation de son produit, la plus entière bonne foi et la plus grande loyauté, ne s'en trouve pas moins exposé, dans le courant d'une période de dix, vingt ou trente ans, aux chances toujours inquiétantes d'un procès avec un successeur audacieux et malhonnête, qui n'a plus rien à perdre dans l'opinion publique, et qui tente de s'indemniser, aux dépens de son prédécesseur ou de ses héritiers, des conséquences de ses propres fautes ou de ses malheurs, et le plus souvent de ses désordres?

La mesure aussi simple que facile que je propose ici aurait précisément pour effet certain de détruire radicalement et de faire disparaître à jamais les deux abus déplorables que je viens de signaler et dont l'existence n'est ignorée de personne.

Je prévois une objection et je tiens à y répondre.

On prétendra sans doute que l'adoption des deux dispositions que je conseille ici équivaudrait à la négation du droit de propriété sur les offices.

En présence de ce qui se passe dans la pratique, cette objection n'est pas sérieuse, et elle l'est moins encore de la part des défenseurs du droit de transmission, *tel qu'il s'exerce aujourd'hui*, que de la part de qui que ce soit.

Je pourrais me borner à répondre que personne ne peut nier sincèrement et raisonnablement que la société soit intéressée, et intéressée à un haut degré, à ce que le prix des offices n'atteigne pas un taux excessif, et que, du moment que cet intérêt existe, on doit armer le gouvernement des moyens nécessaires pour empêcher l'abus.

Mais négligeons pour un instant cet argument tiré uniquement de l'intérêt général, et supposons même que cet intérêt n'est pas en jeu, pour traiter la question principalement au point de vue de l'intérêt des notaires eux-mêmes et au point de vue de la position qui leur est faite par l'état actuel des choses.

Je viens de démontrer sommairement combien il est dangereux à la fois pour le notaire cédant et pour son successeur, que l'état des produits de l'office cédé ne soit pas l'objet d'un examen attentif et d'une vérification sérieuse.

Il me resterait à démontrer tous les dangers que recèle la jurisprudence désormais bien fixée sur les dissimulations de prix.

On comprendra que je ne puisse, dans une simple note, donner à cette question tous les développements qu'elle comporterait.

Je me bornerai donc à énumérer aussi succinctement que possible quelques-unes des conséquences véritablement funestes de cette jurisprudence : aussi bien cette simple énonciation doit suffire et au-delà, auprès des esprits les plus rebelles, pour me faire atteindre mon but qui est de réconcilier mes lecteurs avec les dispositions dont j'entreprends ici la défense.

I. — Les demandes en restitution de pots-de-vin peuvent, au bout de près de trente ans, porter la ruine dans les familles des anciens notaires ; car leur chiffre est illimité et les intérêts ne s'en prescrivent pas.

II. — Elles peuvent mettre en péril le bien le plus précieux de ces familles, l'honneur de leur chef ; car les malhonnêtes gens qui osent se permettre ces actes de déloyauté ne manquent jamais d'essayer d'en atténuer la honte et l'odieux, en récriminant et en les entourant d'un cortège de demandes accessoires et d'allégations calomnieuses, dont il reste toujours quelque chose.

III. — Qui ne se sent effrayé à la pensée que les garanties que la prudence du législateur a voulu assurer, par l'art. 1341 du Code-Napoléon, contre la fragilité des souvenirs et la corruptibilité de la conscience humaine ne sont pas faites pour les

demandes en restitution de pots-de-vin, quelque exorbitant
qu'en puisse être le chiffre?

Qui ne voit là une des causes les plus déterminantes
parmi celles qui éloignent de plus en plus le mérite et la
capacité d'une profession pleine de dangers pendant qu'on
l'exerce, et qui laisse encore, après qu'on l'a quittée, des
craintes et des dangers sans fin?

IV. — Autant et plus peut-être que tous les autres
méfaits dont on voit parfois le notariat fournir malheureusement au public l'occasion de lui faire reproche, ces sortes
de procès jettent la déconsidération, et une déconsidération
profonde, sur cette utile institution, en donnant le spectacle
des engagements d'honneur foulés aux pieds sans pudeur par
des hommes dont le devoir professionnel est précisément
de rappeler chaque jour à leurs clients les droits de la
conscience et les devoirs de la probité.

V. — Enfin, le succès qui est assuré à l'avance à ces
actions n'est-il pas de nature à troubler et à scandaliser la
conscience publique, en donnant à croire, à tous les hommes
qui ne savent pas aller chercher au fond des choses leurs
raisons d'être, que nous vivons à une époque où tous les
moyens de s'enrichir sont bons et légitimes, puisque de
semblables procédés trouvent en quelque sorte leur justification dans le respect dû aux décisions de la justice?

Tout cela est profondément vrai, et personne ne songe à

contester ces vérités dont les plus considérables dans l'ordre moral ont été proclamées hautement par le tribunal de la Seine, dès 1845, dans son jugement sur la demande Couchies contre Pitois.

Mais il faut bien reconnaître en même temps, comme cela a été reconnu dans le même jugement et dans l'arrêt qui l'a confirmé, ainsi que dans les nombreux monuments de la jurisprudence sur la matière, que toute la situation est dominée par des considérations et par un intérêt d'un ordre supérieur (1).

A quoi servirait-il aux notaires de se faire illusion, et de fermer les yeux pour ne pas voir?

Le gouvernement ne peut ni ne veut renoncer à son droit de surveillance sur les conditions et les prix des traités d'offices, et, tant qu'il n'est pas armé par la loi d'un autre moyen d'exercer efficacement ce droit de contrôle, il a besoin de la sanction que lui donne actuellement la jurisprudence sur les dissimulations de prix.

Pense-t-on donc que les tribunaux reviennent tout-à-coup et spontanément sur cette jurisprudence, après s'être engagés de plus en plus dans cette voie depuis près de vingt ans déjà?

Une dernière raison. — Le gouvernement a parfaitement le droit aujourd'hui de rejeter le candidat présenté à son

1) Le jugement rendu par le tribunal de la Seine, dans l'affaire Couchies, est du 3 juin 1845. — L'arrêt de la cour royale de Paris est du 5 décembre 1846.

agrément, sans même être obligé de motiver son refus. Pourquoi n'aurait-il pas en même temps celui de substituer un candidat de son choix au candidat refusé?

L'usage de la première de ces deux prérogatives laisse le notaire avec une étude qu'il aurait voulu céder et avec une clientèle indisposée par cette tentative de retraite. — L'usage de la seconde réaliserait au contraire, au profit du notaire vendeur, son intention de se retirer des affaires. — Laquelle des deux serait-elle donc plus nuisible ou plus utile à ses intérêts?

En résumé, c'est sur le terrain de la pratique et de la réalité qu'il faut savoir se placer pour apprécier sainement les deux dispositions dont il s'agit. Il faut voir franchement et courageusement les choses pour ce qu'elles sont, et non pas pour ce qu'on voudrait qu'elles fussent. — Or, la vérité est que la condition faite dès à présent au droit de transmission des offices est désormais inattaquable, et que rien ne garantit que la situation ne s'aggravera pas encore.

Toute la question se réduit donc à savoir si ce que je propose est ou non préférable à ce qui existe, aussi bien au point de vue de l'intérêt notarial qu'au point de vue de la morale et de l'intérêt public.

Qu'on veuille bien seulement envisager cette question sans préjugés et sans passion, et la résoudre ensuite sans parti pris, avec une entière bonne foi et la main sur la conscience. — C'est là tout ce que je demande pour que chacun demeure bien convaincu que les deux propositions dont il s'agit ici n'émanent pas d'un adversaire du notariat, mais de l'un de ses amis les plus dévoués, et de l'un des défenseurs les plus zélés de son honneur et de sa sécurité.

Qu'on renonce donc à opposer à ces deux propositions une sorte de fin de non-recevoir tirée du prétendu respect dû, en principe rigoureux, à un droit de propriété qui n'est plus debout dans son intégrité, et qu'elles ne sauraient avoir pour effet d'entamer plus qu'il ne l'est déjà.

NOTE VIII.

(Voir ci-avant le renvoi de la page 26.)

SUR LES AVANCES D'ENREGISTREMENT ET SUR LES INTÉRÊTS DE CES AVANCES.

Si l'administration du fisc tient par trop à conserver les notaires pour percepteurs et pour garants des droits d'enregistrement de leurs actes, on devrait au moins obliger ceux-ci à fournir, avant l'expiration de chaque année, un état certifié de tous les droits, frais et honoraires leur restant dus, *sans exception*, sur les actes reçus par eux dans le courant de l'année précédente : ainsi l'état à fournir le 31 décembre 1859 ne comprendrait que les sommes restant dues à cette époque sur les actes reçus du 1er janvier au 31 décembre 1858.

Une fois cet état déposé au receveur de l'enregistrement de son canton, le notaire créancier perdrait le droit de recevoir lui-même les frais des actes y portés, et le receveur demeurerait seul investi du droit d'en opérer le recouvre-

ment moyennant un salaire de 5°/₀, supporté, moitié par
le notaire et moitié par les clients débiteurs, de manière à
faire porter également par chacun la peine de sa négligence.
— Il est à ma connaissance qu'une chambre de notaires d'un
département du centre nourrit le projet de faire, d'une
manière d'opérer les recouvrements à peu près analogue à
celle-ci, l'objet d'une disposition réglementaire.

Il faudrait aussi rendre légale et obligatoire, de précaire
qu'elle est dans l'état actuel de la jurisprudence, la perception de l'intérêt des avances d'enregistrement et de timbre
faites par le notaire pour le client.

M. Paul Pont, ancien président du tribunal civil de
Corbeil, actuellement conseiller à la cour impériale de Paris,
a démontré la légitimité de ces intérêts avec un talent admirable et une puissance de logique qui ne laisse pas la
moindre prise à la contradiction.

Cette remarquable dissertation se trouve dans la *Revue
critique de la législation*, tome III, page 259.

NOTE IX.

Voir ci-avant le renvoi de la page 29.

APPRÉCIATION GÉNÉRALE DE L'OUVRAGE DE M. AUGUSTE
DUCLOS ET DE SES ATTAQUES CONTRE LE NOTARIAT.

Tout dernièrement (le 20 décembre 1858), M. Auguste
Duclos, receveur de l'enregistrement et des domaines, se
donnant seulement comme licencié en droit, a fait paraître
un prospectus annonçant l'impression et la mise en vente,
pour le 1er mars 1859, d'un *Mémoire au garde-des-sceaux
sur la suppression de la vénalité des offices et sur l'urgence
et le plan d'une organisation* NOUVELLE *à donner aux offices
ministériels.*

Je n'avais alors l'avantage de connaître ni M. Duclos, ni
sa position dans la société et dans le monde des affaires, ni
l'œuvre qu'il annonçait et mettait en souscription par son
prospectus du 20 décembre 1858. — Mais, quand je le
voyais affirmer l'urgence de donner au notariat une *nouvelle*
organisation, il me semblait évident qu'il devait méconnaître

d'une manière on ne peut plus regrettable le mérite et la sagesse de la forte et admirable constitution donnée au notariat par le législateur de l'an XI. Établir l'institution du notariat sur d'autres bases et sur d'autres principes, ce n'est pas *l'organiser*, c'est la bouleverser et la détruire. — Aussi n'est-ce pas en dehors, mais bien par le développement plus ou moins hardi des principes et de l'esprit de sa loi constitutive que l'institution du notariat peut et doit être améliorée.

Depuis que le mémoire annoncé par M. Auguste Duclos a paru, je m'en suis procuré un exemplaire et je l'ai lu avec toute l'attention que comportait l'importance du sujet.

Cet examen n'a fait que me confirmer dans l'opinion que je m'étais déjà faite de cette œuvre d'après les termes du prospectus. On ne saurait, sans péril, toucher d'une main aussi téméraire à une institution aussi éminemment utile et aussi importante que celle du notariat, par les intérêts considérables et nombreux qu'elle a pour mission de sauvegarder.

Le projet proposé par M. Duclos a d'abord pour but de *détruire*, sans perte, il est vrai, pour les membres du notariat, mais au grand préjudice des intérêts de la société et des familles. — Il a ensuite pour objet de *réédifier* au profit unique des agents d'affaires. — On en jugera par les quelques comparaisons que j'aurai occasion de faire par la suite entre son système et le mien.

Les premiers chapitres de la brochure de M. Duclos contiennent une critique amère de l'institution du notariat et de la conduite des notaires. — J'ai cru devoir négliger de démontrer ce qu'il y a d'outré ou d'injuste dans la peinture des abus signalés dans cette partie de l'ouvrage de M. Duclos, d'abord parce que cette démonstration est en quelque sorte étrangère à mon sujet, et ensuite parce que j'ai pensé que l'injustice de ces attaques trouvait tout naturellement sa réfutation dans son exagération même, et que ce serait faire injure à l'immense majorité des notaires que de les défendre contre des imputations qui peuvent tout au plus être applicables à un très-petit nombre d'entre eux.

NOTE X.

(Voir le deuxième renvoi de la page 30.)

ACCORD ENTRE L'OPINION DE M. DUCLOS ET CELLE DE L'AUTEUR, SUR UN SEUL POINT.

Après avoir contesté aux notaires, comme aux autres officiers ministériels, la légitimité de la propriété de leurs offices, au point de vue de la légalité stricte, M. Duclos pense comme moi (page 123 de son mémoire) qu'il y aurait une souveraine iniquité à les en *expulser* sans indemnité, et que cette injustice, en consommant leur ruine, atteindrait du même coup leurs familles et une foule d'autres personnes *qui ont lié leurs intérêts aux leurs et engagé leurs fortunes dans leurs études* sur la foi de la loi du 28 avril 1816 et de l'exécution donnée à cette loi par l'Etat lui-même depuis plus de quarante ans.

Chose assez remarquable, M. Duclos propose de liquider et de rembourser l'indemnité due aux notaires pour la valeur de leurs offices à peu près de la même manière que

6

moi, et indique absolument le même moyen d'indemniser
l'Etat de cette dépense. (Pages 124, 125 et 126 du
mémoire précité). — Cette coïncidence ne prouverait-elle
pas l'opportunité du système imaginé par moi depuis plusieurs années déjà, puisqu'il a pu venir successivement à la
pensée de deux personnes qui ne se connaissent aucunement
et qui n'ont pas eu l'occasion de se communiquer leurs
idées?

NOTE XI.

(*Voir* le renvoi de la page 33.)

RÉFUTATION DU PLAN D'ORGANISATION PROPOSÉ
PAR M. DUCLOS.

> Dans l'intérêt du public, je tiendrais essentiellement à ce que les traitements des notaires fussent fixés en proportion du nombre et de l'importance des affaires traitées par leur ministère. — Autrement, il y aurait à craindre pour la clientèle un manque de zèle, de dévouement et d'activité, ... et cette hauteur, nécessaire sans doute au maintien du respect qu'il importe que la magistrature judiciaire inspire, mais qui doit être remplacée chez le notaire par une dignité plus modeste et une accessibilité plus facile.
>
> (Pages 32 et 33.)

Je crois n'avoir pas besoin de protester que cette observation ne renferme pas l'ombre d'une critique à l'adresse de la magistrature. — Une pareille intention est, dans tous les cas, aussi éloignée de ma pensée que son expression, dans ma situation surtout, serait contraire aux plus simples notions de la bienséance. — J'ai voulu dire seulement que l'attitude haute et réservée qu'impose au magistrat le sentiment même des devoirs de sa position ne saurait être que déplacée chez le notaire et nuisible en même temps, dans la pratique des affaires, aux intérêts de sa clientèle. — C'est là une vérité qu'il ne m'était pas permis de négliger, et qu'il importerait à un bien haut degré de ne pas méconnaître dans l'accomplissement d'une mesure aussi considérable que le serait celle de la réorganisation du notariat.

C'est précisément pour avoir été conçu dans cette très-fausse idée que le notariat pouvait être assimilé en tous points à la magistrature de l'ordre judiciaire, que le système de M. Auguste Duclos aboutirait infailliblement aux plus déplorables conséquences. — J'espère qu'il ne me sera pas difficile de le démontrer.

A la page 126 de sa brochure, M. Auguste Duclos porte à 2,600 ou à 2,700 francs en moyenne le traitement fixe de tous les officiers ministériels. — Comme il proclame bien haut le système de l'avancement comme une excitation suffisante à bien faire, il faut supposer que ces traitements fixes varieraient de 1,700 à 3,300 francs, déduction faite de la retenue du vingtième pour la caisse des retraites.

Voici maintenant comment il propose de réorganiser le notariat :

Les notaires seraient transformés en notaires-receveurs, chargés à la fois de donner l'authenticité aux conventions des parties et de percevoir au profit de l'État les droits d'enregistrement *augmentés des sommes qui se perçoivent aujourd'hui pour les honoraires des notaires.* Ils ne toucheraient pas, comme les percepteurs et les receveurs actuels, un salaire proportionné à leurs travaux et à leurs recettes ; leurs traitements resteraient fixes et varieraient seulement, ainsi qu'on vient de le dire, de 1,700 à 3,300 francs selon la classe de chaque résidence.

A l'instar des juges de paix, les notaires-receveurs seraient assistés d'un greffier, fonctionnaire comme eux et recevant aussi un traitement fixe.

Ces deux fonctionnaires, notaire et greffier, inscriraient sur des registres spéciaux, de la main de ce dernier, les conventions des parties, et recevraient les dépôts des actes sous-seings-privés contre le paiement des droits d'enregistrement *augmentés comme il est dit plus haut.* Moyennant ce paiement ils donneraient l'authenticité et *la force exécutoire* à ces actes privés : — Enfin ils passeraient les déclarations de succession et en percevraient les droits. (Pages 136, 137, 138, 141 et 142 du mémoire précité.)

Pour l'accomplissement de ce service ces deux fonctionnaires devraient nécessairement se tenir du matin au soir à la disposition du public. — De plus, à peu d'exception près, leur concours *simultané* serait obligatoire pour la validité des actes de leurs fonctions. (Pages 141 et 142.)

Or, M. Duclos s'empresse d'affirmer que, dans son organisation *nouvelle*, il ne serait pas nécessaire d'augmenter le nombre des offices ministériels, et qu'il serait possible au contraire de le diminuer.

En n'augmentant pas le nombre des fonctionnaires du notariat il faudrait donc, dans le système de M. Duclos, diminuer de moitié d'un seul coup le nombre des études ou bureaux du notariat, puisque chaque bureau compterait deux fonctionnaires. — Si l'on admet que, dans l'état actuel des choses, chaque étude de notaire occupe en moyenne deux clercs et le patron, ce qui est loin d'être exagéré, voilà donc le travail de six employés réparti entre deux seulement, et entre deux qui doivent presque toujours agir simultanément comme un juge de paix et son greffier.

Ajoutons ceci : le notaire chez lequel la clientèle affluerait de préférence, attirée par sa capacité, par sa patiente attention et par son impartialité scrupuleuse dans la rédaction des conventions des parties, n'aurait, comme le moins occupé de ses collègues, qu'un seul collaborateur. — Et cependant plus il verrait la confiance publique se fixer sur lui, et plus il se verrait surchargé de travail. — Dans le système que je combats ce surcroît de travail resterait sans aucune espèce de compensation, si ce n'est la nécessité de payer des employés hors cadres, pour peu que ce notaire eût à cœur de tenir au courant les affaires d'un bureau trop chargé.

M. Duclos se plaint de la concurrence ardente et parfois peu loyale que se font trop souvent les notaires actuels : il a parfaitement raison en cela ; mais, la clientèle, elle aussi, a le plus grand intérêt à ce qu'on ne tombe pas dans l'excès opposé. — Mon projet me semble tout concilier : sans faire disparaître entièrement la concurrence au grand préjudice du public, il lui ôte toute son âpreté et la rend bienfaisante et salutaire, de malfaisante qu'elle est aujourd'hui.

Je ne puis avoir la prétention d'exposer ici et de discuter point par point le travail de M. Duclos, qui ne renferme pas moins de cent soixante-quatorze pages, et dans lequel tout n'est pas à blâmer. — Néanmoins, et quel que soit mon désir d'abréger cette note, je ne puis me dispenser de rendre encore compte ici de la partie du mémoire de M. Duclos qui démontre jusqu'à l'évidence que l'organisation *nouvelle* proposée par lui aurait pour conséquence inévitable d'augmenter dans une forte proportion, de moitié peut-être, les émoluments ou l'impôt que le public paie aujourd'hui au notariat, et celle bien plus déplorable encore de mettre les intérêts et les secrets des familles à la merci des agents d'affaires.

— Je m'explique.

Je viens d'établir que le notaire et son unique greffier auraient peine à suffire pour expédier, pendant les heures du bureau, les affaires courantes de leur clientèle, celles de la moindre importance n'exigeant ni recherches, ni préparation, ni travail fait à tête reposée et dans le silence du cabinet.

Resteraient les comptes, les liquidations et les partages, les comptes de tutelle, les actes importants de toute espèce, nécessitant l'examen de dossiers volumineux, la vérification de nombreux titres de propriété ou de libération, l'appréciation de points de droit contestés ou douteux : toutes opérations qui fournissent aujourd'hui la moitié au moins des travaux d'une étude un peu suivie.

Contrairement à la maxime : *De minimis non curat prætor*, l'organisation de M. Duclos ne fait plus du notaire que le témoin indifférent et ennuyé, que l'instrument purement mécanique et pour ainsi dire inactif des affaires les moins importantes de sa clientèle, et elle ne lui laisse plus le temps de s'occuper des affaires importantes et délicates, de celles précisément pour lesquelles son concours et sa surveillance seraient le plus nécessaires. — Quel intérêt le notaire à traitement fixe aurait-il au surplus à s'efforcer de mener à bonne fin toutes les opérations importantes ou délicates de son ministère, en leur consacrant les heures du repos? Quelle serait pour lui la récompense de ce zèle et de ce dévouement? On l'a déjà dit : une augmentation de confiance et de clientèle, partant, un accroissement d'occupations et une occasion de dépenses.

Quelque confiance que l'on ait en la vertu des hommes, c'est manquer de sagesse et d'expérience que de négliger ainsi et de mettre même contre soi le mobile puissant de l'intérêt personnel dans ce qu'il a de plus légitime, en ne récompensant pas chacun selon ses œuvres. — Hâtons-nous de dire que, comme toutes les professions à clientèle, le notariat ne saurait être comparé sous ce rapport à la magistrature judiciaire.

Avec l'organisation de M. Duclos il arrivera donc nécessairement que le notaire trop occupé se verra forcé de renvoyer la clientèle à ses collègues, et que le notaire paresseux en fera bien souvent autant, en sachant bien s'y prendre de manière à lui prouver qu'il ne lui reste plus de temps à lui consacrer, et en l'accueillant de façon à lui ôter toute envie d'y revenir. — C'est pour augmenter leurs occupations que les notaires luttent aujourd'hui; adoptez le système de M. Duclos, et leur concurrence n'aura plus pour objet que le *droit au........ repos.*

Que cela vienne de l'impossibilité qu'il créerait ou de la mauvaise volonté qu'il provoquerait de la part des notaires, toujours est-il que le système de M. Duclos aurait pour résultat assuré de forcer le public à recourir aux agents d'affaires pour l'apurement et le règlement des affaires compliquées et pour la rédaction des actes de longue haleine. — Bientôt on prendrait l'habitude de leur faire rédiger toute espèce de conventions, et la mission du notaire et de son greffier ne tarderait pas à se réduire à percevoir les droits du fisc, à transcrire ou à recevoir en dépôt des actes tout préparés et à leur donner l'authenticité. — Cet emploi ne donnerait pas beaucoup plus d'occupation que celui du

receveur actuel de l'enregistrement, — et il y aurait pour
cela, dans chaque canton, plusieurs bureaux de notariat
dont la gestion coûterait en moyenne cinq mille et quelques
cents francs par bureau ! — C'est là sans doute le résultat
que M. Duclos a, en effet, en perspective quand il affirme
que son plan d'organisation nouvelle pourrait permettre de
diminuer le nombre des officiers ministériels.

Quant au public, il continuerait de payer à l'État somme
égale, ou à peu près, à la somme d'honoraires qu'il paie
aujourd'hui aux notaires, et il aurait de plus à rétribuer les
agents d'affaires. — Telle est l'économie dont le système de
M. Duclos soulagerait d'abord la bourse des contribuables.

Mais cette augmentation dans les frais à payer par la
clientèle pour la régularisation de ses affaires ne constitue
encore ni le seul tort ni le tort le plus considérable que ferait
au public l'adoption du système de M. Duclos. — Ce
déplorable système aurait encore pour résultat de substituer,
dans la confiance des parties, au notaire surveillé et responsable, l'agent d'affaires irresponsable et exempt de tout
contrôle. — Ce serait celui-ci qui deviendrait désormais,
et par la seule force des choses, le dépositaire et le gardien
des secrets et des intérêts des familles, leur conseil intime et
le pacificateur de leurs différends, le protecteur de la bonne
foi et de l'ignorance contre les manœuvres de la mauvaise
foi et de la ruse !!! — Sans doute il se rencontre des agents
d'affaires honnêtes et capables, surtout dans les grandes

villes où ils trouvent des occupations suffisantes pour les
faire vivre honorablement; mais, pour qui connaît ce que
c'est que la plupart des agents d'affaires dans les campagnes,
leur ignorance, leur moralité, le tableau que je viens de
tracer du système préconisé par M. Duclos est véritablement
effrayant.

Je m'abstiendrai de traiter la question au point de vue
politique et au point de vue des intérêts du bon ordre
et des intérêts moraux de la société ; mais qui ne voit
tout d'abord que les agents d'affaires pulluleraient bientôt
dans les campagnes, et qu'une fois en possession des
secrets et de l'intimité des populations rurales, ils ne
tarderaient pas à devenir les agents les plus puissants et
les plus dangereux du socialisme ?

M. Duclos prévoit bien que l'adoption de sa *nouvelle
organisation du notariat* aurait pour effet *infaillible* de faire
surgir immédiatement des cabinets d'affaires, succursales
indispensables des études de notaires ; mais, loin de s'en
effrayer comme moi, il s'en réjouit, au contraire, comme
d'une précieuse amélioration sociale. — Il ne regrette
qu'une chose, c'est que *l'état de nos mœurs et le degré de
notre éducation politique ne nous permettent pas de com-
prendre* et ne lui permettent pas de nous proposer, avec
quelque chance de succès, l'admission pure et simple de la
libre pratique et du libre exercice du notariat, *moyennant
la production de certains diplômes*. — Il déplore, en un

mot, de ne pas oser proclamer le droit pour tout citoyen *diplômé* de se confier de son autorité privée la mission de donner aux conventions des particuliers, même illétrés, l'authenticité et la force exécutoire, et de se constituer le dépositaire public et *perpétuel* des actes constatant ces conventions. — *Ce système serait assurément le meilleur*, *s'écrie-t-il*; *mais nous ne sommes pas dignes de le pratiquer.* — (Pages 114, 115 et 119 du mémoire précité).

Que M. Duclos se rassure et se console : s'il est adopté, son plan ne saurait manquer de réaliser indirectement son idéal; il le dépasserait même au point de vue des principes de la liberté illimitée, qui paraissent lui être chers. — Nous venons de prouver, en effet, que ses agents d'affaires ne tarderaient pas à devenir de véritables notaires au petit pied ; de plus, leur nombre ne serait pas restreint et ils ne seraient soumis à aucun diplôme ; ils seraient seulement délivrés de l'embarras de conserver le dépôt de leurs actes qui seraient recueillis dans les cantons du receveur de l'enregistrement, décoré désormais du titre de notaire.

C'est quand l'application de son système aboutirait infailliblement à de tels résultats, que M. Duclos ne craint pas de le proposer sérieusement au nom du progrès et de la moralité publique, et comme devant réaliser une économie notable au profit de la bourse des justiciables du notariat!!!

On s'étonne, en vérité, de voir une illusion aussi monstrueuse et aussi incroyable abuser à ce point l'imagination d'un écrivain qui s'exprime et qui discute aussi bien que M. Duclos, dont le style, les idées et les combinaisons révèlent l'habitude d'écrire et la connaissance pratique des affaires, et tout particulièrement des affaires du notariat. Aussi je veux croire que les idées élevées et généreuses dont il semble animé l'auront seules entraîné contre son intention dans le vaste champ de l'utopie où il est si facile à un esprit spéculatif de s'égarer.

Espérons que cette illusion ne sera pas partagée par le gouvernement impérial, et que tout au contraire les dangers véritablement graves que recèle le projet proposé dans le mémoire de M. Auguste Duclos n'échapperont pas à la sagesse et à la clairvoyance d'un gouvernement qui a constamment apporté, dans la conception et dans la réalisation des réformes et des mesures salutaires que le pays lui doit déjà, autant de maturité et de mesure que de décision et de fermeté.

NOTE XII.

(*Voir* le renvoi de la page 36.)

COMPARAISON ENTRE LES AGENTS D'AFFAIRES ET LE PERSONNEL DES ÉTUDES DE NOTAIRES.

Un maître-clerc capable et bien rétribué, la plupart du temps licencié en notariat, et avec lui des étudiants en notariat plus ou moins nombreux et plus ou moins avancés en savoir, selon l'importance de l'étude et les besoins de la clientèle : tels sont les collaborateurs que je donne au notaire et que je place sous sa direction et sa responsabilité, et, comme lui-même, sous la surveillance des parquets, des chambres de discipline d'arrondissements et des jurys départementaux.

Pense-t-on qu'un personnel ainsi recruté et ainsi surveillé ne présenterait pas autant de garanties au public que les *agences privées* que M. Duclos lui promet comme *des auxiliaires utiles* et indispensables au notariat *dès le début de la nouvelle institution?* (Page 159 du mémoire analysé ci-avant à la note **X**.)

NOTE XIII.

(Voir ci-avant le renvoi de la page 37.)

LE SYSTÈME DE M. DUCLOS CONDAMNÉ PAR L'EXPÉRIENCE DU PASSÉ.

L'expérience des siècles et l'opinion de la première constituante condamnent donc l'utopie de M. Duclos qui regrette de ne pouvoir faire proclamer le libre exercice du notariat, et qui se contente, faute de mieux, de recommander l'adoption d'une mesure dont l'effet infaillible serait de favoriser l'établissement de cabinets d'affaires en nombre illimité.

_____

NOTE XIV.

(*Voir* ci-avant le renvoi de la page 39.)

UTILITÉ DES LISTES DE CANDIDATURE POUR LA NOMINATION AUX FONCTIONS DE NOTAIRE.

Cette disposition offrirait l'avantage, précieux selon moi, d'appeler le notariat à donner, par ses membres les plus éminents, son avis, au moins consultatif, sur le recrutement de son personnel, et d'établir ainsi une solidarité morale plus étroite entre tous ses membres.

La présentation d'une liste de candidats aurait encore pour effet d'empêcher le retour des démissions à prix d'argent et le rétablissement indirect de la vénalité, comme cela se pratiquait dès avant la loi 1816.

Mais on voit en même temps que j'ai pris grand soin de laisser au gouvernement le dernier mot et l'omnipotence réelle, en lui conférant le droit de rejeter la première liste tout entière, et en faisant porter sur la nouvelle un candidat désigné exclusivement par le procureur impérial du ressort où se trouverait la vacance à faire cesser.

J'estime qu'il serait moralement impossible que le gouvernement usât habituellement de cette faculté ; mais on comprend facilement qu'il suffirait qu'il l'eût pour que le corps des notaires portât toute son attention à ne faire figurer sur sa liste que des sujets tout à fait dignes d'être agréés, et à bien se garder de la composer d'une manière qui pût paraître hostile au gouvernement.

Cette combinaison d'équilibre entre l'influence légitime et salutaire de la corporation et l'autorité supérieure de l'Etat m'a paru à la fois suffisante et nécessaire au bien public sagement entendu.

NOTE XV.

(*Voir* le deuxième renvoi de la page 41.)

ADMISSION DES EMPLOYÉS DE L'ENREGISTREMENT DANS LA CORPORATION DU NOTARIAT.

Dans le cas de la suppression de la vénalité des offices, les employés de l'administration de l'enregistrement et des domaines pourraient faire partie de la corporation du notariat.

De plus, le surnuméraire, commis ou employé de l'enregistrement, chargé, dans chaque bureau, de la comptabilité des honoraires du notariat, pourrait être assimilé aux clercs et émolumenté comme eux sur le produit de la portion des honoraires attribuée aux frais de bureau ou de cléricature par l'article V de la deuxième partie du présent mémoire.

NOTE XVI ET DERNIÈRE.

PLAN D'ORGANISATION DU NOTARIAT PROPOSÉ PAR
M. JEANNEST-SAINT-HILAIRE.

Tout est aussi bien pensé que bien dit dans le livre de
M. Saint-Hilaire. Cependant il contient des passages plus
remarquables encore que le reste de l'ouvrage, aussi bien
par l'élévation de la pensée et le mérite du style que par
l'importance des matières qui y sont traitées.

Parmi les chapitres qui méritent d'être placés ainsi en
première ligne, j'ai remarqué tout particulièrement et lu
avec infiniment de plaisir et d'intérêt le chapitre VII, qui
traite des rapports du notariat avec la magistrature, et le
chapitre XIII, intitulé : — *Discipline.* — *Moyens d'amélioration.*

Le premier de ces deux chapitres contient des observations extrêmement judicieuses et révèle les vues les mieux
intentionnées. Le descendant de l'un des plus nobles

magistrats de France (1), l'ancien notaire, dont le long exercice a été constamment entouré de l'estime des magistrats et de la confiance du public, s'adresse à la magistrature avec une déférence respectueuse et un tact infini, et à ses anciens confrères avec l'autorité que lui donnent sa vieille expérience et son dévouement bien connu pour une corporation à laquelle il est resté attaché par les liens de l'honorariat et par les services qu'il continue de lui rendre comme président du comité central du notariat.

M. Jeannest-Saint-Hilaire, dans ce chapitre, s'efforce d'abord de démontrer aux magistrats, comme aux notaires, que le notariat doit tirer sa principale considération de l'estime et du patronage des magistrats, que le sort de l'institution en dépend et qu'elle ne saurait vivre dignement, privée de la bienveillance de la magistrature. Il fait ensuite un devoir aux premiers d'accorder franchement cette bien-

(1) Par sa mère, née Brisson, descendante elle-même du savant naturaliste dont nous parlerons plus loin, M. Jeannest-Saint-Hilaire descend en ligne directe de Barnabé Brisson, d'abord avocat au parlement de Paris, puis avocat-général en 1575 et enfin président à mortier en 1583.

C'est Barnabé Brisson qui présidait les membres du parlement restés à Paris après l'attentat de Bussy-Leclerc et l'emprisonnement d'Achille de Harlay. — « C'était, dit l'historien Anquetil, un jurisconsulte très-habile, fort attaché à » ses études et à ses livres, qui se conduisit toujours selon les règles d'une » exacte probité, ne souffrant pas qu'on procédât autrement que selon les » formes juridiques. »

Un tel magistrat devait refuser à la faction des seize l'injuste sentence de mort qu'elle sollicitait et voulait exiger de lui contre Brigard, accusé de connivence avec le roi de Navarre, qui fut depuis Henri IV.

Tant de vertu et d'intégrité ne pouvait manquer d'attirer sur la tête du courageux magistrat la haine des factieux et des fanatiques qui étaient alors les maîtres de Paris. Sa mort fut résolue. Après une première tentative d'assassinat demeurée infructueuse, Bussy-Leclerc lui dressa, dans les circonstances les plus odieuses,

veillance ; aux derniers , de faire en sorte de la mériter par leur conduite , et il élève le sentiment et l'accomplissement de ce double devoir à la hauteur d'une vertu profession-nelle.

Ce chapitre intéressant demanderait à être lu en entier ; mais la question qu'il traite n'est pas précisément de mon sujet. Je crois néanmoins faire plaisir à mes lecteurs en mettant seulement sous leurs yeux les conclusions par lesquelles l'auteur le termine.

Voici textuellement ces conclusions :

Que jamais le notaire ne méconnaisse la supériorité de la ma-gistrature et le respect qu'il lui doit. Montesquieu a dit « *que* » *rien ne donnait plus de force aux lois que la subordination des* » *citoyens aux magistrats.* » Jean Desmarets, dans sa 411ᵉ déci-sion, dit : « *Li advocats doivent acquérir et garder l'amour du* » *juge.* » Que le notariat s'approprie ces sages maximes, qu'il tienne à honneur, en cela, de donner à tous l'exemple, et

un guet-apens qui réussit, et le 16 novembre 1591 le président Brisson fut mis à mort par les ligueurs, en compagnie de Claude Larcher, conseiller de la grand'-chambre, et de Jean Tardif, conseiller au Châtelet.

Barnabé Brisson , que Henri III appelait la perle des écrivains de son royaume, a laissé plusieurs ouvrages estimés, entre autres le *Code de Henri III* et un recueil de plaidoyers. — « Je vous prie, disait-il à ses bourreaux, de dire à mon » ami d'Alençon que je lui recommande de veiller à ce que mon livre que j'ai » commencé ne soit point brouillé, qui est une tant belle œuvre. » — Il se tourna ensuite vers un prêtre qu'on avait fait venir, se confessa, et fut pendu à une poutre de la chambre du conseil.

Exaspéré par le crime commis sur la personne de Brisson et par la perte que les lettres faisaient en lui, le duc de Mayenne fit pendre ses assassins, bien qu'ils fussent les soutiens les plus dévoués de son parti.

Le savant naturaliste Mathurin-Jacques Brisson , qui mourut membre de l'Ins-titut en 1806, était arrière-petit-fils de Barnabé. — Comme on le voit, M. Jeannest-Saint-Hilaire n'est pas le premier des descendants du président Brisson qui ait su se montrer digne, par son talent, d'une aussi noble origine.

d'accepter avec modestie la place qui lui est attribuée dans le corps social.

Qu'il évite le luxe et les entraînements du monde ; que sa maison, que sa famille soient tenues simplement. S'il est riche, c'est un exemple qu'il doit à ses confrères ; s'il est pauvre, c'est un gage de sécurité que pour lui-même il ne peut refuser à ses clients, c'est une preuve de bon sens qu'il lui faut donner à tous.

Qu'il ne néglige aucune des occasions que ses fonctions peuvent lui offrir de se rapprocher du magistrat, afin que ce dernier, s'il est appelé quelquefois à frapper les mauvais éléments du notariat, puisse au moins apprécier les hommes recommandables qui honorent l'institution.

Qu'il apporte dans ses propres affaires l'esprit de désintéressement et de conciliation qu'il est si souvent obligé de conseiller aux autres ; qu'il évite soigneusement les procès et les taxes ; sa considération s'effrayerait de l'éclat du prétoire.

Qu'il évite les animosités locales, les rivalités, les luttes intestines ; elles troublent la tranquillité et rapetissent l'homme.

Qu'il mette tous ses soins dans la bonne gestion de l'office qui lui est confié ; toute autre ambition aurait ses déceptions et ses dangers.

Qu'une discipline intérieure, préventive, discrète, incessante et sévère rende à l'institution son ressort, son énergie, sa pureté ; que les sinistres deviennent impossibles.

A ce prix, nous en sommes certain, la magistrature abdiquera sa sévérité ; s'il en était autrement, si pour le notariat il n'y avait plus de juges à Berlin, nous pourrions alors dire avec Châteaubriand : Que la justice est remontée au ciel.

Quant au chapitre XIII de l'ouvrage de M. Saint-Hilaire, on le prendrait volontiers pour un plaidoyer écrit tout spécialement en faveur de la plupart des réformes que je propose, encore bien que l'auteur se place au point de vue exclusif de la conservation de la vénalité des offices et qu'il diffère d'opinion avec moi sur quelques autres points (1).

Aussi, dès que j'eus achevé la lecture de ce chapitre, la pensée me vint-elle de placer en quelque sorte mes opinions et mes propositions sous l'autorité et sous la protection de celles d'un homme de la valeur et de l'expérience de M. Saint-Hilaire, en reproduisant *in extenso*, à la suite du mien *déjà sous presse*, ce passage important de son ouvrage sur le notariat et les offices.

DU NOTARIAT ET DES OFFICES,

PAR JEANNEST-SAINT-HILAIRE.

CHAPITRE XIII.

DISCIPLINE, MOYENS D'AMÉLIORATION.

La discipline exceptionnelle à laquelle est soumis le fonctionnaire public est le contre-poids des prérogatives dont il

(1) *Voyez* ci-avant mes observations et propositions : — Sur l'extension à donner aux pouvoirs des chambres de discipline ; — sur la création et la composition des jurys départementaux ; — sur l'aptitude des notaires honoraires à faire partie de ces jurys et à concourir à la surveillance de la comptabilité des notaires en exercice ; — sur les mesures à prendre pour prévenir la violation, de la part de ces derniers, des dépôts de fonds à eux confiés à raison de leurs fonctions ; — sur l'insuffisance des cautionnements actuels ; — sur les bourses communes et sur les pensions de retraite à allouer aux vieux notaires ; — etc., etc.

(Pages 15, 18, 20, 21, 25, 26, 35, 36, 55, 63 et 64.)

jouit; c'est un frein contre l'abus. S'il commet une contravention, un délit, un crime, il encourt une peine plus sévère qu'un
simple citoyen, parce que, en dehors de la contravention, du
délit, du crime qui lui sont imputés, il a, de plus, violé l'un des
devoirs attachés à ses fonctions (1). S'il s'est rendu coupable
d'une simple faute, échappant, par son peu d'importance, à la
sanction pénale, mais susceptible cependant de faire rejaillir
sur lui-même, sur ses fonctions ou sur sa corporation un blâme
ou la déconsidération, il ne peut, comme tout autre, prétendre
à l'impunité ; sa faute ressortit à la juridiction intérieure du
corps auquel il appartient.

L'action disciplinaire s'exerce donc dans l'intérêt public,
dans celui du fonctionnaire, dans celui enfin des corporations.

Elle se subdivise en deux parties bien distinctes : la police
intérieure, qui prévient; la juridiction pénale, qui réprime.

La loi du 25 ventôse an XI a posé les bases de la discipline
notariale ; l'arrêté du 2 nivôse an XII et l'ordonnance du
17 janvier 1843 l'ont réglementée.

La police préventive du notariat est confiée simultanément à
la magistrature et aux chambres de discipline créées dans le
sein du notariat lui-même ; la juridiction pénale paraît, au
contraire, avoir été, très-distinctement et avec beaucoup de
soins, divisée entre les chambres et les magistrats ; aux premiers
appartient l'application des peines, en général légères, de la
discipline intérieure, telles que le rappel à l'ordre, la répri-
mande, la privation du droit de délibérer dans les assemblées
générales ou de faire partie de la chambre pendant un temps

(1) C. P., l. III, section II.

limité (1) ; aux derniers a été réservée l'application exclusive des peines plus graves : de l'amende, de la suspension et de la destitution (2).

Cette séparation de pouvoirs était profondément sage ; en effet, si la surveillance d'une corporation peut être sans inconvénient confiée à plusieurs, parce qu'il ne s'agit, dans ce cas, que d'éviter le mal avant même qu'il ne se produise, il ne peut en être de même à l'occasion de la répression pénale ; toute confusion en cette matière ne peut que produire des conflits, et détruire le principe d'autorité par une sorte d'anarchie de la pire espèce ; c'est cependant cette déplorable confusion qui s'est insensiblement produite au sein du notariat, la jurisprudence a bouleversé l'équilibre salutaire établi par la loi. Il est arrivé que certains tribunaux, en vertu de l'axiome, souvent vrai, mais plus souvent dangereux : *Qui peut le plus peut le moins*, ont cru devoir infliger aux notaires les peines de simple police intérieure réservée à la juridiction des chambres, que ces dernières et les parquets, concurremment saisis, ont dirigé des poursuites parallèles contre le même inculpé, que les magistrats, pour un même fait, ont condamné des notaires déjà frappés par leurs pairs ; il est arrivé, enfin, que des peines infligées par les chambres ont été ou annulées, ou singulièrement aggravées.

D'autres attributions, également précieuses, sont passées du domaine déjà si restreint des chambres de discipline dans celui des tribunaux, tant il y a de force absorbante dans le cercle d'action d'un corps aussi indispensablement puissant que la ma-

(1) Art. 2 de l'arrêté du 2 nivôse an XII.
(2) Art. 53 de la loi du 25 nivôse an XI.

gistrature. C'est ainsi que dans beaucoup de ressorts (nous avons déjà eu occasion de le dire au chapitre VI), contrairement aux dispositions formelles de l'article 51 de la loi du 25 ventôse an XI, et sous le prétexte complètement illogique (1) que le décret de 1807 ne reproduisait pas les dispositions de cette loi, les chambres de discipline ont cessé d'être consultées au sujet des taxes réclamées contre les notaires ; elles se sont vues, de cette manière, privées du seul moyen qu'elles eussent de s'interposer entre le client et le notaire, de les concilier et d'éviter le scandale ; elles ont vu disparaître pour elles un élément d'autorité et d'influence qui leur était indispensable.

Tout rouage qui cesse de fonctionner se rouille et compromet la machine à laquelle il appartient ; c'est ce qui s'est produit dans le notariat. Plusieurs notaires se sont habitués à mépriser l'autorité des chambres de discipline, ainsi dépouillées de leurs plus chères prérogatives ; les chambres elles-mêmes ont cessé de prendre au sérieux des attributions partagées et amoindries ; le public a négligé de s'adresser à une juridiction absorbée : de là est venu l'état de torpeur et d'atonie dans lequel a vécu le notariat pendant un certain nombre d'années, et contre lequel n'ont cessé de protester les délégués des notaires des départements, dans leurs communications officielles et privées avec leurs confrères. Il est encore arrivé que le notariat, tombé, dans beaucoup de ressorts, à peu près exclusivement sous la discipline judiciaire, aussi équitable, sans doute, mais incontestablement moins paternelle que celle des chambres, s'est vu livré

(1) On ne peut, en effet, penser que le législateur, en confiant à un seul magistrat la juridiction en matière de taxe, ait voulu priver le président taxateur des lumières qu'il avait jugées indispensables pour le tribunal tout entier et placer ce magistrat dans un état complet d'isolement.

à l'éclat qu'entraîne la répression judiciaire, même pour des fautes légères à l'égard desquelles le législateur avait cru devoir prescrire le secret (1). Le but de la loi du 25 ventôse an XI a été faussé; le niveau moral du notariat a été singulièrement abaissé.

Ces questions vitales méritent toute l'attention du législateur, ou plutôt celle du ministre bienveillant que sa position appelle à tenir une équitable balance entre la magistrature et le notariat. Dans les chambres de discipline se trouve le salut de l'institution; mieux que la magistrature, elles sont placées pour discerner le mal dès son but, pour le prévenir, l'arrêter et même le réprimer, par la raison que leur action, toute de famille, provoque de la part de tous, une liberté de communications et de confidences que la haute et sévère juridiction de la magistrature exclut absolument, surtout pour les fautes légères; et cependant, ces fautes légères, que personne n'oserait confier au magistrat, et que la chambre aurait punies, deviennent souvent le point de départ d'une longue série de méfaits qui n'arrivent aux oreilles de la justice que lorsque le mal est irréparable, que lorsque la honte éclate et rejaillit sur tous les membres de la corporation.

Pour puiser un exemple dans un autre ordre de choses, que deviendrait la discipline de nos régiments si les chefs de corps, privés des conseils de famille et d'honneur et de tous les moyens de répression intérieure que la loi leur attribue et qui fortifient leur action préventive, n'avaient pour unique ressource, contre toutes les fautes, que l'implacable recours au conseil de guerre? L'absence de peines intérieures et légères, la disproportion

(1) Art. 15 de l'arrêté du 2 nivôse an XII.

entre les peines et les fautes conduiraient à l'impunité ; l'impunité multiplierait les crimes ; les conseils de guerre deviendraient
impuissants ; l'indiscipline les déborderait.

Que, loin donc d'affaiblir les chambres de discipline, on leur
rende tout leur ressort, qu'on respecte et qu'on fortifie leurs
prérogatives, c'est l'unique secret de la régénération du notariat. Les droits de la magistrature, pour être mieux définis, plus
distincts, plus conformes à la loi, n'en seront que plus respec-
tables et plus respectés. Son action s'exercerait ainsi de haut,
sans courir le danger de s'émousser dans les détails minutieux
d'une discipline intérieure et journalière au-dessous de sa
portée.

Dès 1841, les délégués des notaires des départements, frappés
de l'état d'impuissance dans lequel étaient tombées la plupart
des chambres de discipline, demandèrent avec instance quelques
dispositions spéciales tendant, soit à la restitution des pouvoirs
de ces chambres, soit à leur extension.

Ils réclamaient pour elles :

1° Le contrôle et la surveillance des clercs de l'arrondissement ;

2° La juridiction pénale sur les clercs, dans les limites du
rappel à l'ordre comme minimum, et de l'exclusion du notariat
comme maximum ;

3° La délivrance de certificats de moralité et de capacité aux
aspirants au notariat ;

4° La juridiction de conciliation dans les difficultés notariales,
soit entre confrères, soit entre notaires et clients ;

5° Le droit d'émettre leur avis avant toutes taxes ;

6° Celui de prononcer des amendes contre les notaires de l'arrondissement;

7° Enfin, celui de contraindre le notaire, suspendu par arrêt judiciaire, à présenter un successeur.

Ils demandaient, en outre, qu'il fût défendu aux notaires de se livrer à aucune opération de commerce, de négoce, de banque et de bourse; de faire des spéculations relatives à l'acquisition et à la revente des immeubles.

L'ordonnance de 1843 a fait droit à quelques-unes de ces demandes, mais presque toujours d'une manière incomplète.

En effet, elle a chargé les chambres d'une surveillance explicite sur la cléricature, en leur confiant le droit de délivrer les certificats de moralité et de capacité aux aspirants au notariat (1); mais elle leur a refusé la juridiction pénale, et les a placées, par conséquent, dans l'impossibilité de sévir contre cette classe de plus en plus nombreuse de clercs qui, ne se destinant pas au notariat, n'ont jamais besoin de certificat de moralité et de capacité. Une juridiction directe et largement dotée contre ces clercs eût été indispensable, ne fût-ce que pour atteindre quelques notaires qui pourraient se croire autorisés à cacher leurs méfaits sous le manteau de leurs clercs.

Elle confère aux chambres le droit de prévenir et de concilier tous différends entre notaires comme toutes plaintes ou réclamations de la part des tiers (2), mais elle ne leur reconnaît pas la juridiction de conciliation dans le sens de celle qui est dévolue aux juges de paix à l'égard des justiciables ordinaires, en telle sorte qu'elles ne sont saisies que selon le bon plaisir des

(1) Art. 9 et 12, ordonnance de 1843.

(2) Ordonnance du 4 janvier 1843, art. 1er.

tiers, et qu'une fois saisies, on peut encore décliner leur juridiction.

Elle les appelle à donner leur avis sur les difficultés relatives
au réglement des honoraires et vacations des notaires, ainsi
que sur tous différends soumis à cet égard au tribunal civil,
mais sans faire au magistrat une loi de recourir à cet avis, sans
trancher, par conséquent, la question capitale que nous indi-
quions plus haut.

Elle interdit aux notaires de se livrer à aucune spécula-
tion (1), etc.; mais elle n'appelle pas les chambres à la répression.

Elle leur refuse le droit de prononcer des amendes contre les
notaires, par respect sans doute pour les prérogatives attribuées
à la magistrature; et cependant la loi du 18 mars 1806 et le
décret du 3 août 1810 permettent aux conseils de prud'hommes
de prononcer contre leurs justiciables jusqu'à trois jours de
prison. — Certes, la crainte de peines pécuniaires est de nature
à retenir davantage certains hommes dans les limites du devoir
que la menace, pour eux puérile, de la censure ou de la répri-
mande.

Elle leur refuse encore le droit de contraindre le notaire dangereux à quitter ses fonctions. Cette arme, en apparence redou-
table, a pu paraître exorbitante, confiée aux mains des chambres
de discipline; et cependant beaucoup d'entre elles, gardiennes
éclairées de leur dignité, s'en sont emparées, sinon de droit,
du moins de fait, et aucun péril n'en est résulté. Nous ne redou-
terions en aucune façon ce pouvoir confraternellement souve-
rain, prononçant mystérieusement l'ostracisme contre le notaire

(1) Ordonnance du 4 janvier 1843, art. 12.

non encore coupable, mais dont la conduite, dans son ensemble, ferait pressentir un danger. Nous ne craindrions pas que les passions rendissent cette attribution dangereuse : l'esprit de confraternité la modérerait, la surveillance de la magistrature la réglerait, et, pour plus d'impartialité encore, elle pourrait être confiée aux présidents et syndics des chambres de discipline des autres arrondissements du même département (1).

En résumé, l'ordonnance de 1843 n'a rien fait de sérieux en faveur de la juridiction disciplinaire des chambres; les questions y sont plutôt indiquées que résolues; le législateur gêné, dans ses allures, par des prétentions divergentes et par les nécessités parlementaires de l'époque, a tourné les difficultés sans les trancher, il a louvoyé entre tous les écueils; force est dès-lors, ou de revenir à l'exécution stricte, littérale, absolue, de la loi du 25 ventôse an XI, et de l'arrêté du 2 nivôse an XII, que le notariat croit largement suffisants, ou de refaire l'ordonnance de 1843.

Si nous sommes bien informé, ce dernier parti aurait été adopté par le pouvoir, et en ce moment même, un projet de décret réglementaire serait élaboré dans ce but à la Chancellerie. Il convient d'examiner les améliorations qui pourraient y trouver place en dehors de celles que, dès 1841, le notariat avait inutilement demandées.

L'article 12 de l'ordonnance de 1843 défend aux notaires de

(1) M. Saint-Hilaire demanderait donc comme moi l'institution d'une chambre notariale supérieure pour chaque département? — Je crois que c'est à tort qu'il se montre en même temps presque défavorable à l'admission de certains membres de la magistrature dans la composition de ces jurys notariaux, surtout s'il pense que le notariat aurait tout à gagner à se rapprocher souvent du magistrat par ses membres les plus recommandables. (Voir les pages 55 et 106 ci-avant et la page 117 ci-après.)

placer, en leur nom personnel, des fonds qu'ils auraient reçus, même à la condition d'en payer l'intérêt. Cette disposition, fort salutaire sans doute, mais d'une exécution difficile, peut presque toujours être éludée. En effet, l'ordonnance ne défend pas au notaire d'emprunter, elle ne lui défend pas de placer ; c'est la réunion des deux faits, de l'emprunt pour placer qu'elle proscrit. Or, le notaire surpris en cas d'infraction peut toujours prétendre que les fonds placés lui appartiennent ; la vérification est tellement difficile, que la répression devient impossible ; il serait dès-lors indispensable, comme complément de l'art. 12, de défendre aux notaires de placer par billets dans leur clientèle, même leurs propres fonds ; de cette manière, l'abus serait impossible, car aucun notaire ne voudrait courir le risque de ne pouvoir, sans se compromettre, produire le titre de sa créance. On aurait, d'ailleurs, enlevé à l'homme riche, le moyen le plus puissant qu'il puisse avoir d'attirer à lui la clientèle, et de faire à ses confrères, moins favorisés de la fortune, une concurrence déloyale.

Le peu d'attributions dont les chambres de discipline ont joui jusqu'à ce jour, l'isolement dans lequel les notaires vivent, séparés par de longues distances, les occupations incessantes dont ils sont accablés, et puis, il faut en convenir, un certain esprit d'égoïsme qui domine chez plusieurs d'entre eux : tout a contribué à rendre très-rares, dans beaucoup de ressorts, les réunions des chambres. Ces réunions ne fussent-elles utiles qu'à forcer les membres de ces chambres à passer souvent une revue morale de leurs justiciables, qu'à prouver à ces derniers qu'incessamment leur conduite est surveillée ; ne dussent-elles servir qu'à forcer les notaires à se mettre en rapport avec les magistrats, il faudrait encore les multiplier et les rendre obligatoires au moins une fois par mois.

Nous désirerions que l'un des notaires honoraires de la compagnie fût appelé à faire partie des chambres avec voix délibérative; il servirait de lien entre le vieux notariat et les jeunes générations, il serait en même temps un exemple et un frein.

D'autres moyens d'amélioration ont encore été discutés à diverses époques, et quelques-uns paraissent avoir arrêté l'attention du pouvoir; il convient de les examiner. .

I. On s'est demandé s'il ne serait pas convenable d'appeler dans le sein des chambres de discipline le président du tribunal de première instance, ou le chef du parquet, afin de donner à à ces chambres plus de relief et d'énergie. Cette idée avait même trouvé place dans le projet d'organisation du notariat, présenté en l'an VI, au conseil des Cinq-Cents. Dans ce projet, le jury d'examen proposé pour l'admission des candidats au notariat devait être pris, savoir : un tiers parmi les magistrats ou administrateurs du district, et deux tiers parmi les notaires. Il pourrait résulter de cette combinaison des avantages réels, et spécialement un rapprochement favorable entre la magistrature et le notariat; mais elle ferait perdre aux chambres le caractère de tribunal de famille qui leur est propre; la police préventive qu'elles exercent deviendrait plus circonspecte; les communications qu'elles provoquent seraient plus réservées; le magistrat ne pourrait plus, comme membre du tribunal, connaître de ses propres décisions comme membre de la chambre : ces objections sont sérieuses, elles balancent les avantages que pourrait présenter ce moyen d'amélioration.

II. Convient-il d'imposer aux notaires l'obligation de tenir une comptabilité uniforme, ainsi qu'un registre de dépôts ?

Les dépôts deviennent rares, ils sont peu importants, ils sont faits à brefs délais; le prix de l'argent est maintenant trop connu, et la caisse du notaire ne lui fait rien produire ; les seuls dépôts qui viennent y prendre place étant ceux qui cherchent le secret, on les rendrait impossibles. Quel que soit celui qui serait investi du soin de la vérification, magistrat, membre de la chambre, ou agent du fisc, on saperait par son intervention, le principe du secret, essence obligée du notariat ; le notaire prévaricateur se dispenserait d'ailleurs d'inscrire le dépôt qu'il voudrait violer.

Ces mêmes raisons s'appliquent, non à l'obligation de tenir une comptabilité, mais à la vérification qui pourrait en être ordonnée. Le fait seul de l'absence d'une comptabilité est une grave présomption de désordre. Beaucoup de chambres, curieuses de leur honorabilité, ont déjà, par voie réglementaire, exigé la tenue de cette comptabilité. Une disposition impérative à ce sujet, ne serait peut-être pas inutile dans le décret projeté, mais il y aurait un danger réel dans le droit de vérification, qui serait concédé même à l'un des membres de la chambre : son moindre inconvénient serait d'être complètement inefficace. Il n'est, en effet, pas sans exemple dans les compagnies où les chambres se sont approprié ce contrôle, que les syndics chargés de l'exercer, aient puisé, dans l'examen de comptabilités soupçonnées et régulières en apparence, une sécurité trompeuse.

III. Conviendrait-il de contraindre les notaires à exercer leurs fonctions pendant dix ou quinze ans ?

On s'est plaint avec raison, surtout dans les dernières années, de la trop courte durée moyenne de l'exercice des notaires ; le ministère lui-même s'en est préoccupé; et quand un jeune notaire revend prématurément son office, on exige de lui des explications, on recueille des renseignements sur la foi desquels on admet, on entrave ou l'on refuse son traité, au risque de le conduire à une catastrophe, si sa retraite a pour cause une gêne non avouée.

Ces trop nombreuses mutations révèlent un malaise profond ; elles excluent l'opinion généralement répandue que le notariat conduit à la fortune par des voies rapides et faciles.

Un long exercice est, sans contredit, pour la société, la meilleure des garanties. Celui qui a traversé sans reproches les dix premières années de sa carrière en a fourni la plus pénible et la plus dangereuse partie ; il s'est acquis la confiance de ses clients, l'estime de ses concitoyens, son sillon est facile à conduire ; mais que la tâche du jeune notaire est différente ! Laisser aller, confiance, respect, tout lui est refusé. En peu de jours, les illusions qu'il s'était faites ont disparu. Il avait rêvé la fortune : le notariat fait honorablement n'y conduit plus. Il avait compté sur la considération : de toutes parts on la lui marchande. Il voulait une position paisible, et trop souvent le monde lui répond : Responsabilités, garanties, ennuis, tourments, procès. Il a voulu placer son patrimoine tranquille et assuré : et continuellement des menaces de dépossession viennent l'assaillir.

Que les causes du mal disparaissent, et le mal disparaîtra. Que le jeune homme honnête trouve aide et protection ; que, fonctionnaire public, il prenne sa part du respect, de la considération dévolus aux dépositaires de l'autorité publique ; que sa position sociale cesse d'être attaquée, alors on aura de vieux notaires.

Quels pourraient d'ailleurs être les moyens de coërcition ? Ces moyens seraient odieux en présence de la maladie, des chagrins, de la ruine, de l'incapacité et de ces mille impossibilités auxquelles l'humanité n'est que trop soumise. Les exceptions étoufferaient le principe. L'obligation de faire n'existe plus en France, elle a disparu de nos codes depuis l'émancipation de l'homme.

IV. La qualité de fonctionnaires publics doit-elle être retirée aux notaires ?

Je ne pose cette question que parce qu'il m'a été affirmé que le ministère était vivement sollicité de prendre cette mesure, dont le but serait de placer le notariat sous une dépendance plus immédiate du pouvoir.

Quelques explications sont nécessaires pour les personnes qui ne connaissent pas les nuances qui séparent les différentes professions libérales.

Les avoués, les huissiers, les greffiers, les commissaires-priseurs, les agents de change, sont des officiers ministériels; ils peuvent, suivant les lois de leur institution, être suspendus ou destitués par une simple décision ministérielle.

Les notaires sont fonctionnaires publics, et, comme tels, ils ne peuvent être révoqués que par un jugement du tribunal de leur ressort. (1). « Le législateur, en voulant faire du notariat une magistrature (2), l'a doté de l'inamovibilité. Pour relever l'homme, il a rehaussé les fonctions. »

(1) Art. 1er et 55 de la loi du 25 ventôse an XI.
(2) Rapport de Réal.

Convient-il de changer cet état de choses ? La répression serait-elle plus efficace parce qu'elle descendrait des mains des magistrats dans les bureaux du ministère ? La décision du ministre aurait-elle plus de force que le jugement solennel de la justice ? Pour faire cesser une assimilation dont l'utilité morale est incontestable, sans avoir rien de blessant pour la magistrature, doit-on dépouiller cette dernière de sa haute juridiction ? Ces questions ne peuvent souffrir l'examen. La mesure serait, d'ailleurs, le signal de la retraite de tous les notaires honorables; aucun d'eux ne voudrait accepter le brûlant stigmate qui serait infligé à sa corporation.

Les moyens d'amélioration que nous avons indiqués, et plus encore le retour pur et simple à l'exécution littérale de la loi organique du notariat et de l'arrêté du 2 nivôse an XII, nous paraissent suffisants pour ramener, s'il en était sorti, le notariat dans les strictes bornes du bien et du devoir. Mais si le ministère, si l'opinion publique, trop vivement surexcités, refusaient à ses moyens l'efficacité que nous y voyons, nous nous sommes demandé s'il n'existerait pas quelque remède héroïque qui permît au notariat une paix honorable avec les préventions générales, qui lui rendît sa considération et sa sécurité, qui désarmât la magistrature et laissât le ministère libre d'abandonner le système de contrôle et de réduction du prix des traités, système désastreux pour tous et pour le notariat qu'il inquiète, tourmente et ruine, et pour le gouvernement lui-même qu'il met en contradiction flagrante avec ses propres principes; ce n'est, en effet, pas sans un vif étonnement qu'on est saisi de cette bizarre anomalie qu'offre un pouvoir ennemi de tout arbitraire, disposant, selon son bon vouloir, de la fortune d'une partie de ses sujets; ami sincère, attentif, dévoué de la prospérité générale, s'appliquant cependant à entraver, à restreindre le libre développement d'une portion considérable de la fortune publique; gardien fidèle du principe sacré de la propriété, portant journellement une atteinte cruelle à la propriété des offices.

Nous ne présentons nos idées à ce sujet qu'avec une extrême circonspection et comme pierre d'attente à de plus sérieuses études; jamais elles n'ont subi l'épreuve d'une discussion professionnelle, nous nous défions d'ailleurs, en fait d'innovations, même de notre dévouement absolu au notariat; nous ne nous sommes encouragé à produire ces idées que parce qu'elles nous sont communes avec l'un des plus honorables et des plus dévoués amis du notariat, M. Duval, ancien notaire à Vernon; son avis a corroboré le nôtre, tous deux nous avons pensé que, dans un siècle où le principe d'association opère tant de merveilles et sert de levier aux plus hautes conceptions de l'esprit humain, on trouverait peut-être, dans un vaste système de solidarité notariale, la solution du problème à résoudre dans l'intérêt de la sécurité générale; de là nous est venue la pensée d'une société de garantie et de prévoyance pour le notariat tout entier.

Cette société pourrait être établie pour toute la France ou par ressorts de cours impériales. Le premier parti nous paraîtrait préférable.

Le notaire, par le fait même de sa nomination, serait associé.

Le but de l'association serait, sauf le prélèvement des frais d'administration :

1° De rembourser, jusqu'à concurrence de l'actif, le montant de tous les faits de charge judiciairement reconnus ;

2° D'assurer à chaque notaire, après vingt ans d'exercice, une retraite proportionnée à son âge, au nombre des années de son exercice et à l'état de situation de son compte courant avec l'association au 31 décembre qui suivrait la nomination de son successeur.

Partie de cette retraite pourrait être réversible sur la tête de la veuve.

L'actif de la société se composerait :

1° Des dons et legs qui lui seraient faits ;

2° Du versement opéré par chaque notaire, au moment même de sa prestation de serment, d'une somme équivalente au vingtième du prix de son traité ;

3° Du versement annuel, fait par chaque notaire, du ving-tième du produit de son étude, calculé, pour tout l'exercice, au denier dix du prix de son traité.

Cette société serait administrée, soit par l'État directement, soit par le notariat lui-même, sous la surveillance des agents du trésor.

A la fin de chaque année, l'excédant des recettes sur les dé-penses serait placé en rentes sur l'État, et les arrérages de ces rentes se capitaliseraient.

Les faits de charge se rembourseraient en observant l'ordre suivant en cas d'insuffisance des premiers moyens, savoir :

1° Sur le cautionnement, s'il est libre, du notaire respon-sable ;

2° Sur sa fortune privée ;

3° Sur son compte courant personnel dans la société ;

4° Sur les comptes courants des notaires appartenant au même arrondissement que le notaire responsable ;

5° Enfin sur la caisse générale de la société.

Le compte de chaque notaire serait, au 31 décembre de chaque année, crédité des versements par lui faits dans l'année et des intérêts capitalisés des sommes versées dans les années antérieures ; il serait débité du montant des faits de charge à lui personnels et du centime le franc du passif acquitté dans l'année pour frais d'administration, pour faits de charge ou pour pensions d'anciens notaires ; à l'expiration des fonctions du notaire, son compte serait balancé et converti, si ces fonctions ont duré vingt années, en une retraite viagère fixée d'après les bases ci-dessus indiquées et réversible pour moitié sur la tête de sa veuve ; si l'exercice n'a pas duré vingt ans, le compte courant se trouverait acquis à la caisse générale.

La société ne serait jamais tenue des faits de charge que jusqu'à concurrence de son actif, prélèvement fait des sommes nécessaires pour assurer le service des retraites liquidées.

Les oppositions pour faits de charge n'auraient d'effet que sur les exercices expirés, sans pouvoir atteindre les exercices à venir.

Ce système aurait sans doute des inconvénients, comme tout ce qui tient aux institutions humaines, mais il aurait d'incontestables avantages ; notre tâche est d'exposer les uns et les autres, afin de faciliter la solution du problème à plus expérimenté que nous.

La solidarité qui résulterait du projet ferait cesser l'état d'isolement et d'égoïsme dans lequel le notariat vit.

Il donnerait à la discipline le stimulant de l'intérêt privé, qui n'existe pas maintenant.

Il compléterait le système des cautionnements, actuellement en disproportion évidente avec le développement des capitaux et des affaires.

Il garantirait la réparation civile de méfaits regrettables sans doute, mais inséparables des faiblesses humaines.

Il les rendrait plus rares.

Il rassurerait la société, la magistrature et le gouvernement.

Il serait, pour les finances de ce dernier, une immense ressource.

Il établirait, entre le notariat et l'État, une connexité d'intérêts on ne peut plus désirable.

Il permettrait de laisser à la propriété des offices, définitivement reconnue, tout son développement.

Il appellerait dans le sein du notariat les hommes sages et prudents.

Il exciterait aux longs exercices.

Il ferait cesser enfin le triste spectacle, malheureusement trop fréquent, qu'offrent de vieux notaires n'ayant pour toute ressource, à la fin d'une honorable carrière, que la commisération de leurs confrères.

Voici maintenant les objections qui pourraient être faites au projet et les réponses à ces objections.

I. La réparation civile des fautes du notaire ne serait-elle pas de nature à mettre sa conscience en repos et à multiplier les méfaits? On ne peut le penser, car, rien n'étant changé dans l'action de la justice, la répression pénale ne saurait être entravée par la réparation civile, qui, d'ailleurs, avant tout, atteindrait le patrimoine du notaire en faute.

II. Serait-il juste de rendre solidaire la probité et l'improbité, l'ignorance et la capacité? Oui, doit-on répondre, parce que cette solidarité existe déjà moralement et matériellement; le notaire honnête souffre, en effet, des fautes de son confrère coupable; la déconsidération rejaillit de l'un sur l'autre, car les appréhensions qu'il subit au sujet de la propriété de son office, les réductions de prix qu'on lui impose, n'ont pas d'autre origine que la défiance inspirée par les mauvaises actions de quelques membres corrompus de sa corporation.

III. Le sacrifice qu'il s'agit d'imposer au notariat est-il en rapport avec sa position actuelle? L'objection est sérieuse : les notaires ont long-temps et beaucoup souffert; ils ont vu diminuer le capital et le revenu de leurs offices; la gêne a succédé à l'aisance; le plus grand nombre d'entre eux végète; la situation est sans doute critique; mais c'est précisément quand le naufrage approche qu'il faut jeter à l'eau ce que le navire contient de plus précieux; c'est quand le danger presse, que l'homme énergique livre, sans sourciller, l'un de ses membres au scalpel de la science, pour racheter sa vie.

Le remède est violent, nous en convenons, mais le péril est grand ; quelques mesures transitoires pourraient d'ailleurs peut-être adoucir ce qu'il aurait de trop incisif.

Ces objections ne nous paraissent pas détruire les avantages nombreux et sérieux que présente le projet. Selon nous, il mérite toute l'attention de nos confrères, puisqu'il ne porte atteinte à aucune des conditions d'existence du notariat, qu'il laisse debout ses lois constitutives, que loin d'ébranler le vieil édifice notarial, il le consolide. Ce peut être l'ancre de miséricorde qu'un marin prévoyant jette au moment du péril, sans néanmoins abandonner les moyens ordinaires de salut.

Quelle différence entre le plan d'organisation de M. Jeannest-Saint-Hilaire et celui de M. Auguste Duclos!

D'après la lettre d'envoi à M. Abattuci, qui se lit en tête du volume, un exemplaire de l'ouvrage de M. Saint-Hilaire a dû être adressé à la chancellerie dès l'année 1858. — Si je me permettais de donner un conseil à l'auteur, je l'engagerais à en adresser un nouvel exemplaire à l'homme d'État éminent, investi de toute la confiance de l'Empereur, qui remplace aujourd'hui M. Abattuci à la tête de l'administration de la justice : les vérités utiles ne sauraient être rappelées trop souvent.

FIN.

TABLE.

9

FIN DE LA TABLE.

NEVERS — IMPRIMERIE DE I.-M. FAY.

www.ingramcontent.com/pod-product-compliance
Lightning Source LLC
Chambersburg PA
CBHW071147200326
41519CB00018B/5144